SALIM ZITOUNI

W0177862

UN
BREAK
ABLE

**Die geheime Kunst, sich
von Äußerem zu lösen und
innere Stärke zu finden**

Copyright © 2020 Salim Zitouni

ISBN: 978-3-9822442-0-4 (Paperback)
ISBN: 978-3-9822442-1-1 (Kindle eBook)

Herstellung: Julia Zitouni
Satz/Layout/Gestaltung: Julia Zitouni
Lektorat: Caroline Baumer, www.textorat.net
Unterhaltung + Motivation: Maya Zitouni
Cover: Salim Zitouni unter Verwendung eines Fotos von Camilo Botia
Repro: Matthias Münch, www.mmkd.de

Das Werk einschließlich seiner Texte ist urheberrechtlich geschützt.
Weitergabe und Vervielfältigung, auch in Teilen, ist nicht gestattet.

Bibliografische Information der Deutschen Nationalbibliothek:
Die Deutsche Nationalbibliothek verzeichnet diese Publikation in der
Deutschen Nationalbibliografie; detaillierte bibliografische Daten sind
im Internet über http://dnb.d-nb.de abrufbar

INHALT

Einleitung   7

ERSTER TEIL: DAS ÄUßERE
Erwarte nichts von anderen   17
Verabschiede dich von Märchenschlössern   27
Finde einen Weg – oder ebne ihn dir   33
Wer hoch steigt, fällt tief   39
Lebe aufrecht, nie aufgerichtet   47
It must schwing   59
Lass dich nicht von deinem Besitz besitzen   69
Respektiere die wahre Supermacht   79
Gewinnen ist nicht alles   83
Werde wer du sein kannst   91
Befreunde dich mit dem Unvermeidbaren   99

ZWEITER TEIL: DAS INNERE
Lass die Hasser hassen   111
Das Ideal bist du   119
Immer einen Fuß am Boden   129
Beherrsche deinen Geist   139
Wisse, dass du nichts weißt   145
Spring ins kalte Wasser   155
Regiere die Gier in dir   163
Finde deinen Spirit   173
Get up, stand up   183
Kämpfe an der ewigen Front   193

DRITTER TEIL: DIE VERKÖRPERUNG
Verkörpere deine Philosophie   203

Nachwort   210
Dank   213

**DER WEG ZUM GLÜCK
BESTEHT DARIN, SICH UM NICHTS
ZU SORGEN, WAS SICH UNSEREM
EINFLUSS ENTZIEHT.**

— EPIKTET

EINLEITUNG

Im Alter von 35 Jahren war Siddhārtha Gautama sehr niedergeschlagen. Er hatte unzählige Erfahrungen gemacht, sich in völlige Askese begeben, doch nichts hatte ihn bislang zur lang ersehnten Erleuchtung geführt. Als die Sonne besonders stark vom Himmel brannte, erblickte er einen großen Pappelfeigenbaum am Ufer des Flusses Neranjara. Dieser hatte bereits sehr lange Zeit jeglichen Witterungen und äußeren Einflüssen standgehalten und war damit besonders gut für das Ereignis gewappnet, das sich unter ihm zutragen sollte. Siddhārtha nahm am Stamm des Baumes gen Osten seine Meditationshaltung ein und fasste einen Entschluss:

> **„Gern sollen meine Haut, meine Muskeln und meine Knochen austrocknen, dazu soll in meinem Körper das Fleisch und das Blut vertrocknen; ich werde aber diesen Sitz nicht aufgeben, ohne die völlige Erleuchtung erreicht zu haben."**
>
> (DUTOIT, 1908)

Der Legende nach sandte ihm Devaputra Mara, Siddhārthas Gegenspieler, ein Heer von Dämonen, das ihn mit neun Überschüttungen herausforderte: Wind, Regen, Steinregen, Waffenregen, Kohlenregen, Aschenregen, Sandregen, Schmutzregen und Finsternis sollten ihn zur Flucht bewegen. Doch ganz gleich, was von außen auf ihn und seinen Willen einzuwirken versuchte, Siddhārtha hielt allen Widrigkeiten stand. Nichts konnte ihn zum Aufgeben bewegen. Er war absolut unerschütterlich. In tiefer Meditation versunken gelangte er schließlich zur Erleuchtung.

„Ich sah meinen Geist befreit von der
Verunreinigung irdischer Existenz, befreit von
der Besudelung sinnlicher Freuden, befreit
von der Beschmutzung der Ketzerei, befreit von
der Verunreinigung der Unwissenheit."
(YOGA WIKI, 2020)

Was hat zu Siddhārthas Erweckungserlebnis geführt, das ihn schließlich zu Buddha, dem Begründer des Buddhismus, werden ließ? Was hat er unter dem Feigenbaum gefunden, das ihm all die Jahre zuvor verborgen geblieben war? Was machte ihn unerschütterlich gegen alle äußeren Einflüsse? Und was können wir von ihm und dieser uralten Geschichte lernen?

Oder hat diese Legende gar nichts mehr mit uns und unserem modernen Leben zu tun? Immerhin ist sie über 2.500 Jahre alt – und Dämonen dürften bisher kaum einem von uns begegnet sein. Oder vielleicht doch? Hat nicht jede*r mit seinen eigenen Dämonen und persönlichen Herausforderungen zu kämpfen?

Wir alle müssen uns täglich dem Chaos da draußen stellen, stolpern von Krise zur Krise und verarbeiten die täglichen Anschläge auf die Menschlichkeit. Unzählige Kriege, Terroranschläge, die sich zuspitzende Klima-Lage mit weltweiten Dürren, Stürmen und Überschwemmungen, das Auseinanderklaffen von Arm und Reich, das Zurückfallen in nationale und nationalistische Denkmuster und nicht zuletzt eine weltweite Pandemie mit einer halben Million Toten und dem Lockdown des öffentlichen Lebens – bei all diesen Katastrophen scheint nur wenig Raum für Fragen nach Erleuchtung zu sein. Kann es wirklich jemanden verwundern, wenn diese Masse an gravierenden Geschehnissen den Geist eines Menschen ein wenig überfordert? Kein Wunder, dass wir die meiste Zeit damit beschäftigt sind, einfach über die Runden zu kommen.

Zum Glück ist für unser persönliches Wohl gesorgt. Schließlich stehen uns Heerscharen von Consultants und Life-Coaches zur Verfügung, die uns von der Seitenlinie aus zurufen, wie wir zu handeln haben, um in diesem Chaos wieder Orientierung zu finden. Das Silicon Valley mit seinen smarten Apps und Algorithmen sowie die Ratgeber-Industrie greift uns wohlwollend unter die Arme und weist uns den Weg zu mehr Erfolg, Wohlstand, Gesundheit, Sinn und zum Schluss zu einer ordentlichen Portion Achtsamkeit und Entspannung – das Ganze natürlich in zehn einfachen Schritten und to go.

Schon Teenager scheinen heute das Bewusstsein verinnerlicht zu haben: Was nicht gemessen wird, kann auch nicht optimiert werden – und Optimierung scheint das einzige Motiv allen Handelns zu sein. Besser werden. Schneller arbeiten. Mehr erreichen. Wie weit wir aber noch vom ganz persönlichen Glück entfernt sind, nach dem letztlich jeder von uns strebt, darauf geben Erfolgs-Coaches meist keine Antwort. Hauptsache, wir bleiben nicht stehen und machen pausenlos weiter.

Je größer der Verlust von Sinn und Lebendigkeit, desto lauter hört man die Räder der großen Maschine laufen, die fleißig angetrieben wird von permanenten Schreckensmeldungen, Milliarden von Instagram-Accounts und den Schrittzähler-Anzeigen unserer Smartwatches. All die neuen Werkzeuge, die die große Freiheit versprechen, verkommen zum Gegenteil ihres Versprechens. Der deutsche Journalist Frank Schirrmacher schrieb in seinem Werk *Ego*:

> „Solange man für Mißerfolge äußere Mächte
> verantwortlich machen konnte – Götter, Könige
> oder Regierungen –, entstanden aus dieser
> Enttäuschung regelmäßig Revolten und
> Revolutionen. Der neue Kapitalismus aber hat
> es geschafft, die Verantwortung auf das Ich
> der Menschen abzuwälzen."
>
> (SCHIRRMACHER, 2013)

Zwar spricht nichts dagegen, dass jeder Mensch für sich und sein Glück selbst verantwortlich ist. Im Gegenteil: Die Eigenverantwortung ist Teil der (Er-)Lösung. Auswüchse unserer modernen Zivilisationen aber verlangen uns ab, uns selbst zu verleugnen. Um perfekt als Rädchen im Getriebe zu funktionieren, bemühen wir uns täglich, als etwas zu erscheinen, das wir nicht sind. Der perfekte Körper, Wohlstand, Ruhm und ähnliche Attribute sollen nach außen eine glänzende Oberfläche vortäuschen. Eine individuelle Entwicklung und die natürliche Kultivierung von menschlichen Tugenden wie Geduld, Durchhaltevermögen, Anstand und Respekt sind dadurch schwierig oder gar nicht möglich. Auch dass es Populisten heute so leicht haben, ganze Gesellschaften nach ihrem Geschmack umzugestalten, zeugt von diesem Mangel an Substanz. Indem sie digitale Kanäle mit Parolen befüllen, die die primitivsten Impulse der Menschen ansprechen, nutzen sie eine breit angelegte Stumpfsinnigkeit und die innere Fragilität der Empfänger. Für jede noch so krude Theorie lassen sich genügend Anhänger finden, um direkt eine Bewegung zu starten. Wie kommen wir aus diesem Wahnsinn jemals wieder heraus?

Am besten besinnen wir uns nicht auf das, was uns falsche Prediger in Turbozivilisationen weismachen wollen, sondern auf Gedanken und Einsichten, die seit Jahrhunderten und über Kontinente hinweg Gültigkeit besitzen. Dass sich Legenden wie das Erweckungserlebnis von Buddha über Kulturen und Traditionen ähneln, ist kein Zufall. Ideen und philosophische Konzepte standen schon immer in einem Austausch und wurden von Generation zu Generation weitergegeben – auch über Landes- und Kontinentgrenzen hinweg. Überall dort, wo verschiedene Kulturen aufeinandertrafen, wurden Ideen präsentiert und miteinander diskutiert. Aristoteles Philosophie etwa wurde auch in Bagdad, einem einstigen kulturellen Schmelztiegel im Orient, intensiv besprochen und prägte die Denkweise islamischer Dichter und Denker. Die sehr tolerante und vielfältige Kultur Andalusiens des Mittelalters brachte bedeutende islamische, jüdische sowie christliche Philosophen gleichermaßen hervor. Dabei wurde friedlich und fleißig Hand in Hand zusammengearbeitet: Da kaum ein arabischer Dichter griechisch konnte, wurden christliche Gelehrte angeheuert, um ihnen die Werke der griechischen Philosophen zu übersetzen.

Im Kaukasus, im südlichen Russland, Turkmenistan, Usbekistan trafen später ebenfalls die großen Weltreligionen (Judentum, Christentum, Islam, Buddhismus und Hinduismus) in einem Wettbewerb der Ideen aufeinander, was alle Denkrichtungen bereichert und befruchtet hat.

So kam es, dass buddhistische Elemente aus dem 5. Jahrhundert v. Chr. Einfluss auf westliche Denker nahmen und sich in der Lehre der Stoiker wiederfand. Ein wichtiger Vertreter der sogenannten „jungen Stoa" war ein Sklave in Rom, der nach seiner Freilassung seine eigene philosophische Schule gründete und ein so ärmliches Leben geführt haben soll, dass sein Haus keines Riegels bedurfte. Kaiser Hadrian kannte ihn persönlich und schätzte ihn sehr, Marcus Aurelius bewunderte ihn und der Heilige Augustinus nannte ihn den edelsten aller Stoiker: Die Rede ist von Epiktet. Auch wenn er selbst keine Schriften verfasst hat, ist seine Lehre durch die Mitschrift seines Schülers Arrian verbreitet und wirkt noch heute nach.

Laut Epiktet existiert nur ein einziger Weg zum guten Leben und zur inneren Freiheit. Dieser Weg unterscheidet zwischen einem Außen, das nicht unserem Einfluss unterliegt und das wir darum akzeptieren müssen, und Aspekten aus dem Inneren, die wir selbst in der Hand haben. Das Buch orientiert sich an diesem Kerngedanken und verbindet spannende Anekdoten aus dem Leben berühmter Persönlichkeiten – wir werden Diego Maradona, Lady Diana, Kanye West, Donald Trump, Mahatma Gandhi und vielen mehr begegnen – mit philosophischen Gedanken und Wegweisern zu einem bewussteren, aber vor allem glücklichen Leben. Bist du bereit, diesen Weg hin zu deiner inneren Stärke zu gehen?

ERSTER TEIL:
DAS ÄUßERE

ALLES IM UNIVERSUM BEFINDET
SICH IN DIR. FRAGE UND BITTE
DICH SELBST UM ALLES, WAS AUCH
IMMER ES SEIN MAG.

— RUMI

ERWARTE NICHTS VON ANDEREN

John hat genug. Genug vom Leben samt all seinen Wirrungen, den Konflikten und vergeblichen Bemühungen. Er hat sein Bestes gegeben, doch jetzt ist er in einer Sackgasse angelangt. Gut gekleidet wie gewöhnlich parkt er seinen 67er Chevrolet Chevelle am Rand einer Bundesstraße in Mississippi, steigt aus dem Wagen, holt einen Gartenschlauch aus dem Kofferraum, befestigt ihn am Auspuff und leitet das andere Ende durch das Fenster in den Innenraum des Wagens. Er setzt sich zurück auf den Fahrersitz, kurbelt das Fenster hoch, zündet den Motor, stellt die Kupplung auf Leerlauf und gibt Gas. Etwa sechs Jahre zuvor, im Jahre 1963, legte John stolz seinen Stift zur Seite. Sein Roman war endlich fertig und bereit zur Veröffentlichung.

Voller Zuversicht sandte er das Manuskript an mehrere Verlagshäuser, doch die meisten Literaturverlage lehnten seinen Schelmenroman kategorisch ab. Einzig der Lektor des renommierten Verlagshauses *Simon & Schuster* Robert Gottlieb fand an der merkwürdig anmutenden Geschichte Gefallen. Aber auch er zweifelte am Erfolg der Veröffentlichung. Zwar erkannte Gottlieb Johns schriftstellerisches Talent, doch ohne eine radikale Überarbeitung des Manuskriptes konnte er nicht zusagen. Der 26-jährige John hingegen blieb stur: Entweder sollte der Roman wie von ihm verfasst erscheinen oder überhaupt nicht. Er hatte einen tief sitzenden Glauben an seine eigenen Fähigkeiten und einen starken Drang, diese auch ungefiltert zur Geltung zu bringen. Als Autor musste er Erfolg haben, etwas anderes kam für ihn nicht infrage.

Letztlich war es darum John selbst, der die Geduld verlor und die Verhandlungen mit dem Verlag abbrach. Eine Überarbeitung seines Meisterwerks konnte und wollte er nicht erlauben. Warum ließ John als Neuling in der Literaturlandschaft nicht mit sich reden, ging keinen Kompromiss ein? Selbst langjährige und sehr erfolgreiche Autoren müssen mit umfassenden Änderungen und Umstrukturierungen seitens des Lektorats rechnen. Es lässt sich nur vermuten, dass John es grundsätzlich ablehnte, sich von irgendjemandem verbiegen zu lassen. Er wollte endlich bedingungslose Anerkennung. Wahrscheinlich war an dieser Haltung seine dominante und einnehmende Mutter Thelma nicht ganz unschuldig. Bis ins Erwachsenenalter spielte sie eine immens große Rolle für das Selbstwertgefühl ihres Sohnes. Während eines Besuches von Johns Freunden las sie beispielsweise vor allen Anwesenden die Kritik des Lektors Gottlieb laut vor, sodass John peinlich berührt in den Polstern des Sofas versank.

Die Diskrepanz zwischen Johns eigener Überzeugung („Ich bin ein talentierter Autor") und der realen Situation („Die Verlage wollen mein Werk nicht veröffentlichen") zeigte irgendwann ihre Folgen: John verfiel in Depressionen, begann zu trinken und wählte am Ende den Tod.

Wäre Johns Geschichte mit seinem Suizid zu Ende, wäre sie wohl kaum erwähnenswert. Aber ganz so trivial ist die kleine Anekdote dann doch nicht, denn seine Mutter entdeckte nach dem Tod ihres Sohnes wieder jenes Manuskript. Sie bemühte sich mit gnadenloser Vehemenz um dessen Veröffentlichung und fand tatsächlich einen kleinen Universitätsverlag, der das Werk 1980 verlegte. Auch sie bestand darauf, wie zuvor ihr Sohn, dass das Werk keine größeren Änderungen erfuhr. Und nur ein Jahr nach Veröffentlichung wurde Johns Werk mit dem Pulitzer-Preis – dem wichtigsten Literaturpreis in den Vereinigten Staaten – ausgezeichnet. John, der mit vollem Namen John Kennedy Toole hieß, hatte den noch heute berühmten Roman *Die Verschwörung der Idioten* (Originaltitel: *A Confederacy of Dunces*) geschrieben. Der Buchtitel basiert auf einem ironischen Zitat von Jonathan Swift, verfasst im 18. Jahrhundert:

„Wenn ein wahres Genie in die Welt tritt, kann man es daran erkennen, dass sich die Dummköpfe alle gegen ihn verschwören."

Ob sich Toole selbst als Genie ansah und dieses Zitat ganz unironisch auf sich selbst bezog? Beging er Suizid, weil er das Gefühl hatte, in der Welt nicht als der anerkannt zu werden, der er zu sein glaubte? Meinte er vielleicht sogar, alle Menschen um ihn herum hätten sich gegen ihn verschworen? Wir werden es wohl nie sicher wissen.

Seine Geschichte aber legt nahe, dass Toole am Mangel an Anerkennung zerbrach. Er sah keinen Weg, um mit diesem Gefühl weiter durchs Leben zu gehen oder seine Sichtweise zu ändern. Doch lässt sich mit der vermeintlichen Entwertung durch andere nicht auch anders umgehen?

Ein neueres, wenn auch weniger radikales Beispiel zeigt eine ähnliche Problematik. Kopenhagen, 2006. Die jährlichen MTV Europe Music Awards gingen ihren gewohnten Gang: Künstler und Künstlerinnen nahmen ihre Preise entgegen und performten live. Alles verlief harmonisch – bis der Award zum besten Video vergeben wurde. Denn ein Gast war ganz und gar nicht einverstanden, dass die französische Band *Justice* den Award gewann. Während der Dankesrede von *Justice* stieg der Rapper Kanye West, dessen Video zum Song *Touch*

the Sky ebenfalls für die Kategorie nominiert war, mit einem Mikrofon zu den Gewinnern auf die Bühne.

„Nigger, Nigger, das Video hat 1 Million Dollar gekostet! Ich hatte Pam Anderson dabei, ich bin über Canyons gesprungen. Wenn ich nicht gewinne, verliert diese Award-Show an Glaubwürdigkeit. Nichts gegen euch (Justice) – ich habe euer Video nie gesehen, nichts gegen euch."

Gaspard Augé von *Justice* quittierte Wests Fremdschäm-Auftritt mit einem kurzen

„Du solltest dir unser Video mal ansehen."

Dass Kanye West sein eigenes Video als eindeutigen Gewinner der Kategorie betrachtete, hing wohl nicht nur damit zusammen, dass er sämtliche Kosten zu *Touch the Sky* aus eigener Tasche bezahlt hatte, sondern auch, dass er vom Stuntman Evel Knievel aufgrund einer möglichen Copyrightsverletzung verklagt wurde. Diese zusätzlichen Strapazen der Produktion erhöhten sein Empfinden der eigenen Leistung natürlich um ein Vielfaches. Doch wusste die Jury von diesen Umständen? Und sollte der persönliche Aufwand überhaupt als zentrales Kriterium dienen, um es als bestes Musikvideo zu küren? Wohl eher nicht.

Kanye West hatte sich von der Jury um seine Anerkennung betrogen gefühlt. Es ging ihm also nicht nur darum, ein außergewöhnlich gutes Musikvideo zu einem außergewöhnlich guten Song abzuliefern, sondern auch oder vor allem darum, von der MTV-Jury, vom Publikum auf der ganzen Welt und von der Hip-Hop-Szene gewürdigt zu werden.

Kanye West ist einer der erfolgreichsten Künstler unserer Zeit. Ohne Zweifel veränderte er die Rap-Kultur nicht nur einmal, sondern mehrfach, indem er musikalisch immer wieder neue Einflüsse verarbeitete, traditionelle Elemente aufnahm und so immer wieder neue Wege des Ausdrucks für sich schuf. Der *New York Times* sagte er einmal, er wolle *„sehen, wie weit er Hip-Hop expandieren kann"*. Zu Recht ist er daher im Musikgeschäft zu viel Ruhm und Ehre gelangt: neun Solo-Alben, über 60 Millionen verkaufte Tonträger und Downloads allein in den USA, 21 Grammys – kein anderer Rapper hat mehr gewonnen. Doch was steckt hinter der ewigen Suche nach Anerkennung? Ein Ereignis, das Kanye West stark prägte, spielte sich in seiner Jugend ab:

> **„In der siebten Klasse wollte ich im Basketball-Team sein. Ich kam aber nicht rein, also trainierte ich den Sommer über. Ich war in der Sommer-Liga. Mein Team gewann die Meisterschaft, ich war Point Guard. Als ich in die achte Klasse kam, trainierte ich und traf jeden Freiwurf, jeden Layup und am nächsten Tag schaute ich auf die Tafel mit den Teammitgliedern – und mein Name war nicht drauf. Ich fragte den Trainer, was los sei, und die waren so drauf ‚Du bist einfach nicht dabei'."**
> (YUSKAVAGE, 2013)

Nach der High School erhielt er ein Stipendium, um an der American Academy of Art in Chicago zu studieren. Doch um seine ganze Energie in die Produktion eigener Musik zu investieren, brach er das Studium zum Missfallen seiner Mutter schon bald wieder ab. Seine Erfolge als Produzent sprachen schnell für sich: Jay-Z, Beyoncé, Mos Def, Talib Kweli, Ludacris, Alicia Keys – Schritt für Schritt schaffte er sich einen Namen in der Szene und durfte für die absolute Crème de la Crème des Hip-Hops Beats basteln. Doch West wollte mehr sein als ein Beat-Nerd im Schatten der Stars: Er wollte auch als Rapper in Erscheinung treten. Jay-Z, der das Rap-Label *Rocafella* mitgründete, hatte dazu zunächst eine klare Meinung:

> **„Wir anderen Rapper sind Leute von der Straße, die tun mussten, was getan werden musste, um durchzukommen. Und dann ist da Kanye, der meines Wissens keinen einzigen Tag in seinem Leben hustlen musste. Ich habe nicht erkennen können, wie das funktionieren könnte."**
>
> (ROTHMAN, 2016)

Ähnlich sahen das vermutlich auch die anderen Labels, aus deren Meetings er nach eigenen Angaben oft heulend nach Hause ging. Aber seine fehlende Street Credibility – die Glaubwürdigkeit und wichtigste Währung eines Rappers – bedeutete schlicht ein zu hohes wirtschaftliches Risiko. Erst als Kanye West 2002 einen heftigen Autounfall hatte, der ihm einen gebrochenen Kiefer bescherte und durch den er einen Draht um den Kopf tragen musste, gelang ihm der Durchbruch als Rapper. Noch im Krankenhaus entstand der Song *Through the wire* und während seiner Regeneration in Los Angeles der Rest seines Albums. Doch mit Fertigstellung des Albums tauchte es auch schon illegal im Netz auf. Ein erneuter Rückschlag – von dem sich Kanye West aber nicht entmutigen ließ. Stattdessen schrieb er einen großen Teil der Songs komplett um, verfeinerte die Beats und fügte Chöre hinzu.

Alle zusätzlichen Kosten zahlte er aus eigener Tasche. Das Album *College Dropout* erschien schließlich 2004 und verkaufte sich 2,6 Millionen Mal. Es machte Kanye West endlich zum Rap-Star. Von diesem harten, kräftezehrenden Weg, der West bis ins Mark geprägt haben dürfte, zeugt auch der Titel seines zweiten Albums. Er nannte es *Late Registration* und bezieht sich so auf das späte (An-)Erkennen seiner Kunst. Und auch wenn man heute die Boulevard-Blätter verfolgt, wird klar, wie sehr der Rapper in seinen Eskapaden auf die Liebe von außen gepolt ist.

Was verbindet J. K. Toole und Kanye West? Beide Künstler strebten stets die Anerkennung anderer Menschen in einer Form an, die sie niemals erreichen konnten. Während Toole aber zeitlebens erfolglos blieb, weil er keine Kompromisse eingehen wollte, ist West extrem erfolgreich und trotzdem zutiefst unglücklich. Beide sind gefangen in ihrer Sucht, den Blick zu sehr nach außen zu richten, und erreichen den letzten, entscheidende Schritt zur Zufriedenheit nicht. Denn der müsste sich im Innern vollziehen. So macht Epiktet deutlich:

„Gleich wie die Sonne, damit sie aufgehe,
nicht auf Gebet oder Beschwörung harrt, sondern
einfach scheinet und wird von den Menschen
mit Freuden empfangen: also sollst auch du nicht
auf Beifall, Anklopfen und Lob warten, damit
du Wohltaten erzeigest. Tue sie freiwillig, so wirst
du auch wie die Sonne geliebt."

Epiktet fordert etwas, was in einer Gesellschaft, in der sich alles um die Präsentation zu drehen scheint, alles andere als selbstverständlich ist: zu schreiben um des Schreibens willen, Musik zu produzieren, damit Musik entsteht … Gerade in kreativen Disziplinen existiert der Wunsch, dass die Werke vom Publikum wahr- und angenommen werden. Dieser Wunsch ist verständlich und absolut legitim. Doch wie viele Werke hätten gar nicht erst das Licht der Welt erblickt, wenn all die Künstler auf Applaus und Lob von anderen gewartet hätten, bevor sie ihr Schaffen fortgesetzt hätten? Die Kulturen dieser Erde wären heute deutlich ärmer.

Der Drang, unseren Wert im Außen zu bemessen, betrifft jedoch nicht nur Künstler. Ob in der Instagram-Welt mit Schönheitsfiltern, im Job oder bei unserem Konsum – immer wieder nehmen wir das ersehnte Lob durch unsere Mitmenschen als Kompass für unser Handeln, statt uns auf uns selbst zu besinnen.

Ein Gegenbild dazu bietet Cato der Jüngere (95–46 v. Chr.). Er führte den Widerstand gegen Caesar an, als dieser nach Alleinherrschaft in Rom strebte. Cato wurde darum zur Symbolfigur gegen Korruption, für Unbestechlichkeit und Tapferkeit. Nichts, auch nicht die Anerkennung der anderen, konnte ihn vom Ziel abbringen, sich für das Richtige einzusetzen. Lieber verzichtete er auf den Ruhm, als gegen seine Prinzipien zu handeln. Generell schien er wenig auf die Meinung anderer zu geben. So sah man ihn oft barfuß und ohne Kopfbedeckung durch die Straßen schreiten, was von den römischen Bürgern belächelt wurde. Doch genau dieses Belächeltwerden machte Catos Charakterstärke aus: Er wollte belächelt werden, um sich von der Sucht nach Anerkennung zu befreien. Wir Menschen sind zwar soziale Wesen und orientieren uns aus guten Gründen aneinander. Doch wer sein Werk nur für die Anerkennung anderer tut, der kann innerlich niemals frei sein. Sein Glück wird immer von anderen abhängen. Um nicht in eine Gefallsucht zu rutschen, hilft es, unsere Motivation regelmäßig zu reflektieren und uns selbst immer wieder zu befragen:

„Wozu mache ich das eigentlich?"

DIE LIEBE IST DAS KIND DER ILLUSION UND DIE MUTTER DER DESILLUSION.

— Miguel de Unamuno

VERABSCHIEDE DICH VON MÄRCHENSCHLÖSSERN

Diana lachte schallend auf und zerstörte damit um ein Haar diesen besonderen Augenblick. Mit dieser Frage, DER Frage, hatte sie einfach nicht gerechnet. Zumindest nicht zu diesem Zeitpunkt. Nachdem sie sich erst zwölf Mal mit Charles getroffen hatte, machte er ihr auf dem herrschaftlichen Anwesen von Windsor Castle einen Heiratsantrag. Die Zeit danach kam ihr wie ein unendlich schöner Traum vor. Die Verlobung katapultierte die 19-Jährige mit Schwung auf Wolke sieben, von der sie am liebsten nie wieder herunterkommen wollte. Auch jeder um sie herum konnte Diana ihre Verliebtheit anmerken. Ihr Bruder bestätigte, er habe seine Schwester nie glücklicher erlebt. Kein Wunder: Immerhin würde sie, eine Bürgerliche, den Prince of Wales und Thronfolger des Vereinigten Königreichs heiraten, einen Mann mit Charme und Anstand – und eines Tages womöglich sogar Königin werden.

Tatsächlich übertraf die Hochzeit alles bisher Dagewesene und brach sämtliche Rekorde. Weltweit verfolgten etwa 1 Milliarde Menschen live über Fernsehen und Radio in Echtzeit, wie eine Märchenhochzeit der Superlative stattfand. Großbritannien – nein, die ganze Welt – hatte eine neue, bezaubernde Prinzessin.

Leider bleiben die meisten Märchen im Reich der Fantasie. Auch diese nach außen hin perfekte Romanze war zu schön, um wahr zu sein. Erahnen konnte man das bereits während eines TV-Interviews des Senders BBC unmittelbar nach der Verlobung. Als der Reporter den beiden frisch Verlobten die simple Frage stellte, ob sie verliebt seien, platzte aus Diana

„Natürlich!" heraus. Charles hingegen überraschte mit einer ausweichenden Antwort:

**„Was auch immer verliebt sein bedeutet.
Die Interpretation überlasse ich Ihnen."**

Was in diesem Augenblick wohl in Diana vorgegangen sein muss? Auch dass Charles ein Verhältnis mit Camilla Parker Bowles hatte und sich auch nach der Hochzeit heimlich mit ihr traf, wurde zum offenen Geheimnis. Angeblich soll Diana sogar am Tag vor der Hochzeit gehört haben, wie Charles seiner Geliebten am Telefon seine ewige Liebe schwor. Daraus resultierte nicht nur Dianas Eifersucht auf ihre Nebenbuhlerin, sondern auch ihr Selbstwertgefühl fiel verständlicherweise in den Keller. Die Spuren dieser ungesunden Beziehung zeigten sich immer mehr: Diana kämpfte lange mit Bulimie, Depressionen und selbstverletzendem Verhalten.

Das Märchen ging zwar weiter, allerdings war Diana nun die im Schlossturm gefangene Prinzessin, die verzweifelt um Befreiung rief. Was hätte sie in dieser Situation, die sie seelisch kaputtmachte, tun können? Diana suchte erfolglos Rat bei Königin Elizabeth II. Auch nachdem Diana ihre Söhne Prinz William und Prinz Harry zur Welt gebracht hatte, war die Atmosphäre in der royalen Familie alles andere als harmonisch. Im Gegenteil: Je beliebter Diana wurde – sie hätte die Rolle der Prinzessin mit ihrer zurückhaltenden, warmherzigen Art nicht besser ausfüllen können –, desto mehr schien das Interesse ihres Ehemanns an ihr abzunehmen. Die „Königin der Herzen", wie sie von den Menschen später genannt wurde, stahl dem Prinzen die Show: Bei seinen Auftritten in der Öffentlichkeit fragten alle nur nach der Prinzessin. Diana galt damals als die berühmteste und meistfotografierte Frau der Welt. Doch das half ihr nicht bei ihren Eheproblemen. Zwischen ihr und Charles waren die Fronten verhärtet und es war keinerlei Entspannung in Sicht.

Wie mag sie sich in dieser Zeit gefühlt haben, als sie mit dem Rücken zur Wand stand, während die Welt dabei zuschaute? Und was löst es in uns aus, wenn wir die rosarote Brille unserer Verliebtheit abnehmen müssen und wir irgendwann merken, dass unsere Liebe nicht erwidert wird? Es gibt Millionen von Menschen auf dieser Welt, die sich heute in einer ähnlichen Situation wie Prinzessin Diana damals befinden – die die Lieblosigkeit des Partners aus unterschiedlichen Gründen über Jahre hinnehmen und ertragen. Diana hatte davon irgendwann genug. Sie begriff, dass sie die Liebe anderer Menschen, insbesondere die ihres Mannes, niemals würde kontrollieren können. Sie musste sich von der Vorstellung verabschieden, von ihm so geliebt zu werden, wie sie ihn geliebt hatte.

Um mit dieser unbefriedigenden und krank machenden Situation leben zu können, suchte die Prinzessin darum Möglichkeiten, um auszubrechen. Zunächst flüchtete sie sich in Affären. Nachdem auch diese unter keinem glücklichen Stern standen und scheiterten (ihr Leibwächter, mit dem sie vermutlich eine Affäre hatte, starb beispielsweise bei einem Verkehrsunfall), wagte Diana das Undenkbare: Mit der Unterstützung durch Vertraute am Königshof schaffte sie es, vertrauliche Informationen über die unglückliche Ehe zu Andrew Morton, einem befreundeten Autoren, zu schmuggeln. Morton verarbeitete diese brisanten Informationen zu einem Enthüllungsbuch. Als Beweis für Dianas Anschuldigung stahl sie Liebesbriefe aus Charles' Aktentasche und lieferte sie Morton und dessen Verleger. Das Buch schlug große Wellen und markierte den Anfang vom Ende der Ehe zwischen Diana und Charles, die im August 1996 endgültig geschieden wurde. Fast genau ein Jahr nach der Scheidung starb Diana in Paris an den Folgen eines Verkehrsunfalls.

Ganz gleich, was wir tun und wie viel Liebe wir anderen entgegenbringen, zu keiner Zeit haben wir es in der Hand, von wem wir selbst aufrichtig geliebt und geachtet werden. Natürlich ist es menschlich, von der perfekten Beziehung und unserem Prinzen oder unserer Prinzessin zu träumen. Doch niemals sollten wir uns selbst täuschen, indem wir einer Illusion hinterherjagen, die mit unserem Gegenüber und seinen Gefühlen nur wenig zu tun hat.

Denn das Einzige, was wir in einer Beziehung unter Kontrolle haben, ist, wie wir mit unseren Gefühlen und der Liebe zum anderen umgehen. Nur weil wir selbst Liebe geben, können wir sie nicht von jemand anderem voraussetzen. Wer sich zu hohen Erwartungen und zu vielen Irrlichtern hingibt, wird früher oder später brutal auf den Boden der Realität zurückgeholt und beraubt sich selbst seines Glückes. Diana hat das schließlich verstanden und ist in ihrer Rolle als Prinzessin aufgeblüht. Das tiefe Mitgefühl, die Warmherzigkeit, die Geduld und der Respekt den Menschen gegenüber, ganz gleich, aus welchem Land oder aus welcher gesellschaftlichen Schicht, genau das hat die schüchterne, unerfahrene Diana zur ewigen „Königin der Herzen" werden lassen.

UMSTÄNDE SOLLTEN NIEMALS GRUNDSÄTZE VERÄNDERN.

— OSKAR WILDE

FINDE EINEN WEG – ODER EBNE IHN DIR

Erdrückende, alles überwältigende Dunkelheit. Eisige Kälte. Nervöses Zittern am ganzen Körper. Der frühe Tod ihrer Mutter stürzte Joanne in eine tiefe Trauer. Doch sie konnte nichts daran ändern, dass sie plötzlich nicht mehr auf dieser Welt weilte. Wie sollte sie damit klarkommen? Als sich im darauffolgenden Jahr die Möglichkeit ergab, als Englischlehrerin in Portugal zu arbeiten, nutzte sie die Gelegenheit, um Abstand von den familiären Ereignissen zu gewinnen. Sie wollte in der Auszeit wieder zu sich selbst kommen und sie nahm sich fest vor, in der Freizeit ihrer Buchidee – die ihr während einer Zugfahrt in den Sinn gekommen war – Leben einzuhauchen. Doch wie so oft im Leben kam alles anders. Während Joannes Portugal-Aufenthalts verliebte sie sich in einen portugiesischen Fernsehjournalisten, heiratete ihn und bekam ein Kind. Statt Auszeit und Selbstfindung ging alles Schlag auf Schlag. Kannst du dir vorstellen, wie sich Joanne gefühlt haben musste? Völlig allein in einem fremden Land, von gestern auf heute in einer Ehe mit einem noch fremden Mann im Familientrubel. Es dauerte nicht lange, bis Joanne aus dieser erdrückenden Situation ausbrechen musste. Sie wurde von all diesen großen und schnellen Änderungen schlicht überwältigt.

Alleinerziehend. Einsam. Pleite. Arbeitslos. So saß sie nun mit ihrer kleinen Tochter in der spärlich eingerichteten, heruntergekommenen Wohnung in Edinburgh. Nie hätte sich Joanne träumen lassen, sich jemals in solch einer Lage wiederzufinden. Andererseits empfand sie diese Situation als deutlich erträglicher als das Leben, das ihr in Portugal bevorgestanden hätte. Trotzdem war die Zeit in Portugal für Joanne nicht völlig verloren gewesen: Sie brachte zwei große Schätze mit zurück nach Großbritannien: Töchterchen Jessica und ein schon drei Kapitel langes Manuskript, das bald Leser auf der ganzen Welt in den Bann ziehen sollte.

Zunächst hieß es aber zu überleben. Da die Behörden in Schottland trotz ihrer praktischen Erfahrung als Lehrerin nach einem zusätzlichen Zertifikat verlangten, schlitterte Joanne erst einmal in die Arbeitslosigkeit und beantragte Sozialhilfe und Wohngeld. Immer wenn ihr bewusst wurde, wie wenig sie ihrer Tochter bieten konnte, schien ihr Herz zu zerreißen. Als ihr beispielsweise eine Gesundheitsinspektorin in guter Absicht altes, abgegriffenes Spielzeug als Geschenke vorbeibrachte, fühlte sich Joanne zutiefst gedemütigt und schmiss alles direkt in den Müll.

Sie fühlte sich alles andere als gut. Joannes Depressionen zogen sie immer weiter in ein tiefes, schwarzes Loch der Verzweiflung. Später sollte sie diese Phase als die schrecklichste Zeit ihres Lebens bezeichnen. Auf der anderen Seite erwies sich aber auch dieser Lebensabschnitt als lehrreich: Die dunklen Gefühle verarbeitete sie kreativ in der Geschichte, die sie schrieb. Sicher haben Fans von *Harry Potter* schon längst erraten, um wen es sich bei Joanne handelt. J. K. Rowling stellte ihre dunklen, gefährlichen Emotionen in Gestalt der sogenannten „Dementoren" dar, die den Menschen instinktiv alles Glück entziehen und in ihnen die schlimmsten Erinnerungen auslösen. Unheimlich und düster treten sie auf in ihren schwarzen Kapuzenmänteln und verbreiten in ihrer Umgebung eisige Kälte. Um sich nach der Attacke durch einen Dementoren wieder zu erholen, so wird empfohlen, sollte man möglichst viel Schokolade essen.

Und wie der berühmte Zauberschüler bekämpfte auch Joanne ihre Dämonen. Im Sommer nach ihrer Porto-Flucht reichte sie die Scheidung ein, begann wieder Pläne zu schmieden und ging in Cafés, wo sie sich lebendig fühlte und sie neben gutem Kaffee auch Inspiration für ihr Buch fand. Auch fand sie einen Sekretariatsjob, der ihr und ihrer Tochter das Leben finanziell etwas erleichterte. Doch das sollte nur eine Zwischenstation sein, denn ihr Ziel war klar: Sie wollte Schriftstellerin sein und davon leben können.

Manchmal stellte sich Joanne vor, eines Tages in einen Laden zu gehen, die Kreditkarte über den Tresen zu reichen und von ihrem Gegenüber gesagt zu bekommen, dass sie sein/ihr Lieblingsbuch geschrieben hätte. Diese Vorstellung verfestigte sich mit der Zeit zu einem rettenden Anker für sie. Später sagte Joanne, es sei für sie in dieser Zeit tatsächlich schwerer vorstellbar gewesen, wieder in einen Vollzeitjob zu wechseln, als dass ihr Buch veröffentlicht würde. Zu jeder Zeit glaubte sie an ihr künstlerisches Talent und an die Figuren in ihrem Buch.

Zu Rowlings Lieblingszitaten gehört eine buddhistische Weisheit: „*Leben ist Leiden.*" Gemeint ist damit, dass wir im Leben nur durch Anstrengung und Fleiß vorwärtskommen und uns ausschließlich durch Scheitern, Konflikte und Herausforderungen weiterentwickeln können. Die Früchte des Leidens gehören zum Glück wie das Leid selbst zum Leben. So konnte Joanne nach harten, unsicheren Jahren in einer Wohnung, die sie nicht nur mit ihrer Tochter, sondern auch mit ein paar Mäusen teilte, nun endlich Licht am Ende des Tunnels erkennen: 1995 beendete sie ihre Arbeit an ihrem Buch *Harry Potter und der Stein der Weisen*. Ihr Literaturagent Christopher Little versuchte zunächst ohne Erfolg, das Werk verschiedenen Verlagen schmackhaft zu machen und sie zu einer Veröffentlichung zu bewegen. Doch 1996 nahm Bloomsbury Publishing das Manuskript an und brachte es auf den

Markt. Der Rest ist Geschichte: Bis heute wurden die Harry-Potter-Bücher in 80 Sprachen übersetzt und über 500 Millionen Mal verkauft. Joanne K. Rowling ist heute eine der reichsten Frauen Großbritanniens, noch vor Königin Elisabeth II.

In unserem Leben werden wir uns immer wieder in Situationen wiederfinden, in die wir niemals hineingeraten wollten. Das ist menschlich und passiert jedem von uns. Ob Schicksalsschläge wie der Tod von Angehörigen oder Resultate aus jugendlichem Leichtsinn oder Unbedachtheit – oft sind es komplizierte Lagen, die unser Leben von einem Moment auf den anderen auf den Kopf stellen und aus denen wir keinen Ausweg sehen. Doch welche Optionen haben wir, wenn uns etwas aus der Bahn wirft? Wir können uns entweder damit abfinden und unser Leben an die neuen Gegebenheiten anpassen, mit allen Konsequenzen – oder: Wir beklagen weiter unsere neue Situation und erinnern uns den Rest unseres Lebens wehmütig an die Träume, die wir einmal hatten. Den Königsweg aber gehen wir, wenn wir unsere Vergangenheit akzeptieren und gleichzeitig in der Gegenwart an dem festhalten, was uns Energie schenkt und uns beflügelt: an unseren Träumen. Sie sind gerade in extremen Situationen der rettende Anker, an dem wir uns festhalten können. Oder wie es J. K. Rowlings Figur Albus Dumbledore in *Harry Potter und der Gefangene von Askaban* ausdrückt: *„Wenn wir träumen, betreten wir eine Welt, die ganz und gar uns gehört."*

DIE TAT IST ALLES, NICHTS DER RUHM.

— Johann Wolfgang von Goethe

WER HOCH STEIGT, FÄLLT TIEF

Aus einem schönen Traum gerissen zu werden, ist eines der ekelhaftesten Gefühle, die wir erleben können. Man wird aus einer wohlig-weichen Wolkenwelt auf den harten, nervös-vibrierenden Asphalt zurückgeworfen und muss sich wieder in der Realität zurechtfinden. Denn wenn der Traum ausgeträumt ist, stürzen wir erst einmal ab. Keine Chance, die Kontrolle dort oben zu behalten – oder hatten wir die Kontrolle vielleicht nie? In schwindelerregendem Tempo trudeln wir bergab. Aus dem strahlenden Azurblau dort oben in das ungewisse Dunkel dort unten. Ohne Halt oder göttliche Hilfe.

Geschichten, die ganz nach oben führen, fangen meist ganz unten an. In Armutsvierteln etwa, wo die Rufe nach Veränderung besonders verzweifelt und laut erklingen. So auch im Partido Lanús, einem Verwaltungsgebiet der argentinischen Provinz Buenos Aires. Die Gegend ist stark durchzogen von den Villas Miserias, den Armutssiedlungen, in denen eine Wellblech-Hütte neben der anderen steht – und in denen einer der berühmtesten Fußballspieler der Welt aufwuchs. Diego Armando Maradona Franco erlebte in seiner Kindheit äußerste Armut. Dabei war der Fußball sein Leben, etliche Stunden trainierte er täglich, jonglierte den Ball perfekt und trug bereits damals die Rückennummer, die er den Rest seines Lebens tragen sollte: die 10. Schon in diesem jungen Alter – mit zehn Jahren – wurde auch den Menschen in seinem Umfeld mehr und mehr bewusst, dass sie es hier mit einem Ausnahmetalent zu tun hatten. Je älter er wurde und seinen Weg in Richtung Profisport antrat, desto stolzer wurden seine jüngeren Brüder Lalo und Hugo. Einer von ihnen sollte es schaffen! Und tatsächlich: Maradona zog aus den ärmlichen Verhältnissen aus. Mit im Gepäck hatte er den Traum, auf der Leiter ganz nach oben zu klettern, den Weltmeistertitel zu gewinnen und zum größten Fußballer aller Zeiten zu werden.

Pass auf, was du dir erträumst, es könnte Wirklichkeit werden. 1984 wurde Maradona vom süditalienischen Verein SSC Neapel in die Mannschaft geholt – für eine damals unvorstellbare Rekord-Ablösesumme von umgerechnet 12 Millionen Euro. Wie dieses Geld vom Verein, der eigentlich dauerpleite war, aufgebracht werden konnte, ist bis heute ungeklärt. Darum gibt es Gerüchte, dass hinter dem Mega-Deal die in Neapel tief verwurzelte Mafia-Organisation der Camorra steckt. Tatsächlich wurde Maradona schon bald nach seinem Start in Neapel zusammen mit verschiedenen Camorra-Mitgliedern in Clubs und Bars abgelichtet, darunter auch die beiden Camorra-Bosse Carmine und Luigi Giuliano persönlich. Deutet sich schon hier sein Absturz an?

In der griechischen Mythologie werden der Erfinder und Ingenieur Daedalus und sein Sohn Ikarus zur Strafe für ihre Taten in ein Labyrinth auf der Insel Kreta gesperrt. In dieser heiklen Lage hilft ihnen leider auch nicht, dass Daedalus das Labyrinth selbst entworfen hat. Schließlich hat er es so gestaltet, dass keiner – nicht einmal der Erbauer selbst – je wieder herausfindet. Sie sitzen in der Falle: Egal, wie oft sie versuchen, einen Weg hinaus zu finden, sie gehen immer wieder im Kreis. Nach mehreren missglückten Versuchen setzt sich der junge Ikarus frustriert auf den steinigen Boden und blickt in den Himmel, in die strahlende Freiheit. Er träumt und bemitleidet sich selbst. Währenddessen denkt sein Vater Daedalus weiter nach, um eine Lösung aus der Misere zu finden. Anstatt verträumt in den Himmel zu starren wie sein Sohn, beobachtet er die Vögel, die dort oben schweben und über ihnen kreisen. Sie steigen weit empor, tanzen elegant in der Luft und lassen sich wieder herabsinken, um auf den Mauern des Labyrinths zu landen.

Bei seiner Beobachtung kommt Daedalus eine Idee: Statt weiter im Kreis zu gehen, möchte der alte Ingenieur über die Luft den Weg nach draußen suchen.

> **„Ikarus, über den Himmel**
> **werden wir entkommen."**

Ikarus weiß nicht, was er dazu sagen soll, doch er vertraut dem Einfallsreichtum seines Vaters und stellt keine Fragen. Daedalus fordert ihn auf, alle Vogelfedern einzusammeln, die er im Labyrinth finden kann. Später reihen die beiden alle Federn aneinander, mit den kleinsten beginnend und mit immer größeren Federn nach außen hin. Daedalus bindet die Federn dann mit Leinenfäden zusammen, die er aus seiner Kleidung reißt, und übergießt sie mit heißem Wachs, um sie wie Flügel formen zu können. So bauen sie für jeden zwei Flügel, die sie dann auf ihrem Rücken befestigen. Daedalus erklärt seinem Sohn, wie er die Flügel zu benutzen hat, und schärft ihm ein:

> **„Bleibe stets hinter mir und**
> **entferne dich nie von mir."**

Der Plan funktioniert: Sie schwingen sich empor und fliegen aus dem Labyrinth heraus. Immer höher und höher schweben sie. Besonders Ikarus genießt die neue Freiheit und fliegt immer wilder. Schon bald fliegt er nicht mehr hinter seinem Vater und steigt noch höher. Daedalus ruft ihn verzweifelt, doch sein Sohn ist schon zu weit entfernt. Er hört ihn nicht mehr. Wie im Rausch fliegt Ikarus immer höher und höher. Wozu Maß halten? Der ganze Himmel ist frei und gehört nur ihm. Er will das Maximum erreichen, ins Unendliche aufsteigen. Was sollte ihn noch aufhalten?

Auch Maradona erhob sich wie von Zauberhand in ungeahnte Höhen. Alles, was er anfasste, wurde zu purem Gold. Von ganz unten marschierte er bis ganz nach oben: So tauschte er das Armutsviertel gegen ein Leben in einer schmucken Villa ein. Die Boca Juniors, den Fußballklub der Arbeiter in Buenos Aires, führte er gegen den finanziell besser gestellten Erzrivalen River Plate zur Meisterschaft. Nur beim berühmten und erfolgsverwöhnten FC Barcelona funktionierte für Maradona gar nichts. Erst als er vom SSC Neapel geholt wurde, der von reicheren Klubs im Norden stets als dumm, schmutzig und stinkend verhöhnt wurde, fühlte sich Maradona auf der richtigen Seite des Feldes und lief wieder zu Höchstleistungen auf. Es war, als zog Maradona seine Motivation aus seiner Rolle als Underdog.

1986 wurde die Welt schließlich Zeuge der Maradona-WM in Mexiko, denn kein anderer Spieler prägte das Turnier so wie Maradona. Noch heute hält er den Rekord des am meisten gefoulten Spielers während einer WM – in Mexiko waren es ganze 53 Fouls an ihm. Unsterblich machten ihn auch seine beiden Tore gegen England im Viertelfinale, da sein Land nur zwei Jahre zuvor mit dem Vereinigten Königreich um die Falkland-Inseln gekämpft hatte und dabei harte

Demütigungen einstecken musste. Indem er den Argentiniern tatsächlich den Weltmeistertitel holte, brachte er ihnen auch ihren Stolz zurück. Auch in der darauffolgenden Saison bei Napoli schaffte Maradona das Undenkbare: Er führte den Club zum Sieg der italienischen Meisterschaft, dann zum UEFA-Pokal und zu einer weiteren italienische Meisterschaft. Eine Stadt im Rausch. Die Neapolitaner feierten monatelang wild, ließen sogar Rauch in den italienischen Farben aus dem Vesuv emporsteigen. Das Signal war deutlich: Endlich war man wieder jemand in diesem Land. Und der Fußballgott Maradona war einer von ihnen.

Aber wie hoch kann man noch steigen, wenn man schon alles erreicht hat?

Je näher Ikarus der Sonne kommt, desto wärmer wird es. Plötzlich fängt das Wachs zu schmelzen an. Während es immer flüssiger wird, lösen sich immer mehr Federn von seinen Flügeln. Als seine Arme ihn nicht mehr tragen, erwacht Ikarus schließlich aus seinem Rausch. Angsterfüllt rudert er mit den Armen. Doch für seine Panik ist es zu spät: Schon im nächsten Augenblick befindet er sich im freien Fall. Mit vollem Tempo prallt er auf der harten Meeresoberfläche auf und wird von der dunklen Masse verschlungen.

Maradona schwebte mit der ganzen Stadt auf Wolke sieben. Hier erlebte er die glücklichsten Tage seines Lebens. Gleichzeitig hatte er den extremen Ruhm und das, was er mit sich brachte, nie unter Kontrolle. Mit einer gottgleichen Verehrung – in Neapel stehen Maradona-Bilder oft über denen des Papstes – muss ein normaler Mensch und dazu noch ein so junger erst einmal fertigwerden. Keine Sekunde konnte sich Maradona frei in der Öffentlichkeit bewegen. Jeder zerrte an ihm, jeder wollte mit dem großen Maradona abgelichtet werden, fasste ihn an, um mit der Aura des Heiligen in Berührung zu kommen. Die Presse hetzte ihn durch die Straßen von Napoli und schon bald machte es Maradona keine Freude mehr, wie ein Gott behandelt zu werden. Sein Ruhm wurde zum Fluch. Nach den sonntäglichen Liga-Spielen feierte er durch bis mittwochs. Ab Mittwoch trainierte er den Rest der Woche und spielte sonntags wieder für den SSC Neapel. Von der Mafia ließ er sich mit Kokain und Prostituierten versorgen. So ein Pensum kann niemand lange durchhalten. Als seine sportlichen Leistungen durch die durchzechten Nächte nachließen und das Wachs an seinen Flügeln zu schmelzen begann, stürzte er so schnell in den Abgrund, dass er seinen Fall wahrscheinlich auch clean nicht mehr hätte aufhalten können. Weitere Affären wurden publik und die Presse stürzte sich auf den Fall seines unehelichen Sohnes. Plötzlich wollte selbst die Mafia nichts mehr mit ihm zu tun haben und Maradona sah sich einer Bewährungsstrafe wegen Drogenbesitzes ausgesetzt. Als die Dopingkontrolleure der Liga ihn regelmäßig in die Mangel nahmen, folgte das vorzeitige Karriereende: Er wurde positiv getestet und für ein Jahr gesperrt. Bei der Urteilsverkündung war niemand mehr vom SSC Neapel anwesend.

**„Als ich nach Neapel gekommen bin,
haben mich 85.000 Menschen begrüßt.
Als ich ging, war ich allein."**

Maradona wollte seinen Traum verwirklichen und der beste Fußballer der Welt werden. Denn auf dem Fußballplatz fühlte er sich frei. Erst von den ärmlichen Bedingungen in Buenos Aires, später dann in seiner Karriere frei von Menschen, die mitverdienen wollten und ihn in verschiedene Richtungen rissen, von der unersättlichen Presse und von den Erwartungen der ganzen Welt an den Fußballgott Maradona. Nur auf dem Feld konnte er der zehnjährige Junge von damals sein und einfach nur Fußball spielen.

Wie sehr sich doch diese beiden Geschichten gleichen. Zwei Jungs, die in ihren Gefängnissen davon träumen, an einen freieren, besseren Ort zu fliegen. Raus aus dem Elend. Doch wenn man oben angekommen ist, muss man gut aufpassen, nicht unendlich weiter aufsteigen zu wollen. Ruhm wird uns von anderen verliehen und kann von einem Moment auf den anderen einfach dahinschmelzen. Darum sollten wir Maß halten und niemals die Verehrung durch andere Menschen anstreben. Sie ist immer nur die Kirsche auf der Torte. Fehlt die Kirsche, haben wir immer noch die komplette Torte: das erhabene Gefühl, unsere Aufgabe zu erfüllen.

ES IST EINFACHER, MIT EINEM
SCHLECHTEN GEWISSEN
KLARZUKOMMEN ALS MIT EINEM
SCHLECHTEN RUF.

— Friedrich Nietzsche

LEBE AUFRECHT, NIE AUFGERICHTET

Bernard Loiseaus Lebenslauf lässt sich nur schwer toppen. Die Karriere des französischen Kochs war einzigartig und geprägt von Erfolgen, von denen die meisten seiner Zunft nur träumen können. Nach seiner Kochausbildung wurde Loiseau mit nur 24 Jahren zum Chefkoch im Restaurant *La Côte d'Or* ernannt. Bereits sieben Jahre später kaufte er das Restaurant und wurde so zu seinem eigenen Chef. Kurz nach dem Deal wurde dem Restaurant der zweite Michelin-Stern verliehen, was für den noch so jungen Koch eine unfassbar hohe Ehre bedeutete. 1991 folgte dann die Krönung: Die Höchstwertung von drei Michelin-Sternen ging an das *La Côte d'Or*. Loiseau war ganz oben angekommen und hatte alles erreicht. Er managte 1998 sogar seine eigene Firma in Form einer Aktiengesellschaft, was ihn zum damals einzigen Küchenchef machte, dessen Produkte an der Börse gehandelt wurden. Loiseaus Erfolg basierte dabei stets auf seinem guten Ruf, den er sich über die Zeit hart erarbeitet hatte.

An einem Montag sollte sich jedoch alles ändern. Am 24. März 2003 verließ Loiseau gegen Mittag sein Restaurant, stieg in seinen Wagen, grüßte auf der Heimfahrt noch einen Bekannten mit ausschweifender Handbewegung, bevor er zu Hause ankam. Sein 10-jähriger Sohn schaute gerade ein Fußballspiel, als Loiseau ihn ohne weitere Ausführungen zum Spielen nach draußen in den Garten schickte. Der Spitzenkoch schloss sich in ein Zimmer ein und erschoss sich mit einer Flinte. Er wurde 52 Jahre alt und hinterließ seine Frau und drei Kinder. Kein Abschiedsbrief. Keine Erklärung.

Was war passiert? Warum sollte ein Erfolgsmensch wie er aus heiterem Himmel Selbstmord begehen? Hatte er Geheimnisse, die ihn so sehr belasteten? Kam er mit dem hohen Druck nicht klar?

In den Tagen nach diesem traurigen Ereignis – Bernard Loiseau war noch nicht einmal bestattet worden – entstand ein gewaltiger Mediensturm. Unter den Wortführern befand sich auch Paul Bocuse, seines Zeichens selbst 3-Sterne-Koch, der bei Loiseaus Produkten Pate gestanden haben soll:

**„Bravo Gault & Millau,
Sie haben gewonnen. Ihr Urteil hat einem
Menschen das Leben gekostet."**

Bocuse spielte mit seiner Aussage auf die Herabsetzung von Loiseaus Restaurant durch den *Gault & Millau* – neben dem *Guide Michelin* der wohl einflussreichste Restaurantführer Frankreichs – von einst 19 von 20 möglichen Punkten auf 17 Punkte an. Diese Bewertung fand wenige Wochen vor Loiseaus Suizid statt und hatte dem Koch stark zugesetzt. Doch konnte diese eine Bewertung Loiseaus Psyche wirklich so ins Wanken bringen? Wohl kaum. Hinzu kamen die Medien, die die Gerüchteküche nach der Neubewertung aufheizten, allen voran die konservative Tageszeitung *Le Figaro*. Loiseau wiederholte gegenüber seiner Frau und seinen Freunden immer wieder:

„Die Medien wollen meine Haut."

Francois Simon, Restaurantkritiker und Kolumnist bei *Le Figaro*, hatte nach der Bewertung durch *den Gault & Millau* geschrieben, dass Loiseau „vom *Guide Michelin* zurecht bedroht" gewesen wäre. Dieser Satz hatte Loiseau außerordentlich geärgert, wie seine Frau Dominique später im Interview verriet. Vor allem deshalb, weil Loiseau den Satz nicht verstehen und einordnen konnte. Was genau sollte „zurecht bedroht" bedeuten? Waren Loiseaus Michelin-Sterne tatsächlich in Gefahr? Dieses Szenario köchelte und gärte in Loiseau bis zuletzt und könnte ihn zu der verzweifelten Tat getrieben haben. War die Angst vor der Degradierung und dem Verlust seiner exzellenten Reputation tatsächlich größer als die Furcht vor dem Sterben? Lieber direkt mit drei Michelin-Sternen dem Tod in die Augen schauen, als langsam und schmerzhaft unterzugehen? Eine derartige Abhängigkeit von der Bewertung anderer bedeutet eine große Ohnmacht gegenüber dem eigenen Glück – man hat sein Schicksal nicht mehr selbst in der Hand. Es ist fast tragisch, dass Loiseaus Restaurant noch dreizehn Jahre nach seinem Ableben alle drei Michelin-Sterne behielt.

Schlechte Bewertungen – oder die Angst davor – haben Spitzenköche schon einige Male zuvor zu verzweifelten Taten getrieben. François Vatel war im 17. Jahrhundert Küchenmeister und *Maître de plaisir* des Prinzen de Condé auf Schloss Chantilly. Er bekam den Auftrag, sich um alle Belange der dreitägigen Festlichkeiten zu Ehren des Sonnenkönigs Ludwig XIV. zu kümmern. Von diesem Fest hing einiges ab. Da der Prinz de Condé hoch verschuldet war, wollte er den König davon überzeugen, ihn als Kommandeur über die französischen Truppen im sich anbahnenden Holländischen Krieg einzusetzen – was seine Schuldenprobleme in Luft auflösen sollte.

Entsprechend ereignisreich und aufwühlend waren die Festtage für alle 3.000 Gäste und die Bediensteten bei Hofe.

Zum letzten Festmahl aber eskalierte die Situation in der Küche. Die von Chefkoch Vatel erwartete Fischlieferung traf einfach nicht ein. Verzweifelt, enttäuscht von sich selbst und wahrscheinlich voller Angst vor dem Verlust seines guten Rufes stürzte er sich in sein Schwert.

Loiseau und Vatel starben beide lieber auf dem Zenit ihres Erfolgs, als einen schlechten Ruf zu riskieren. Können wir hierfür der perfektionistischen Kultur der französischen Küche vielleicht die Schuld geben? Sicherlich, in solch exquisiten Küchen sind es die winzigen Details, die den Unterschied auf dem Teller ausmachen und die Erfahrung des Gastes beeinflussen. Nichts darf schiefgehen: Jeder Tropfen Soße muss perfekt abgeschmeckt und drapiert werden, alle Zutaten müssen auf den Punkt gegart sein, die Konsistenzen der Speisen müssen zielgenau getroffen werden, jedes Küchenmitglied muss auf das Penibelste auf die künstlerische Vision des Chefkochs eingestellt sein. Köche auf diesem Niveau sind zwangsläufig Kontrollfreaks.

Glücklicherweise aber bleiben solche extremen Vorfälle wie von Loiseau und Vatel Ausnahmen. Was sie zur Verzweiflung brachte, war wohl die Tatsache, dass etwas ihren Ruf und somit ihr Lebenswerk schädigte, das sie selbst nicht kontrollieren konnten. Beide waren es aber gewohnt, stets alles unter Kontrolle zu haben. Ihr eigener, unrealistischer Anspruch wurde ihnen letztlich zum Verhängnis.

Wie verlockend wäre es wohl, wenn man sein Image am Reißbrett entwerfen und steuern könnte? Endlich könnte man kontrollieren, was andere von einem denken. Betrachten wir z. B. das Rap-Business. Wer dort als harter Hund gelten will, trägt am besten eine schwarze Lederjacke, lässt sich einen langen Bart wachsen, fährt einen dicken, tiefergelegten Wagen mit abgedunkelten Scheiben und mächtig PS unter der Haube und bellt seine Feinde an. Wer auch noch eine arabische Großfamilie im Rücken hat, der hat seinen Platz und die Anerkennung in der Szene fast sicher. Bushido erfüllte diese Klischees über Jahre und bildete zusammen mit dem berüchtigten Abou-Chaker-Clan eine nach außen perfekte Symbiose. Der deutsch-tunesische Rapper designte seinen Ruf vom großmäuligen Underground-Rapper erfolgreich zum gefährlichen, arabischen Gangster in Berlin und erklomm damit die nächste Stufe seiner Karriere. Sein Geschäftspartner Arafat Abou-Chaker gab ihm alles, was dafür nötig war: den Rückhalt eines echten Clans, der in ganz Deutschland gefürchtet wird und dessen Mitglieder mehrfach für Drogenhandel, Diebstahl, Zuhälterei, Erpressung oder Körperverletzung angeklagt worden waren. So gewann Bushido das, was im Rap-Business viele Platten verkauft: Street Credibility. Gleichzeitig verdiente der arabische Clan bei Bushido mit. Schon 2013 berichtete der *Stern*, dass sich Bushido und Arafat Abou-Chaker gegenseitig sogar eine Generalvollmacht erteilt haben sollen. Eine Generalvollmacht gilt über den Tod hinaus und ermächtigt die Parteien, jede Rechtshandlung für den anderen vorzunehmen, für die eine Stellvertretung gesetzlich zugelassen ist.

Doch irgendwann funktionierte dieses Arrangement nicht mehr. Statt Eintracht und gemeinsame Stärke zu demonstrieren, eskalierten ihre persönlichen und finanziellen Konflikte. Bushido trennte sich von seinem Geschäftspartner und rechnete mit Abou-Chaker in seinem Song *Mephisto* ab. Darin positioniert sich Bushido weniger als harter Gangster, sondern als Opfer krimineller Machenschaften. Vom harten Hund zum räudigen Köter? Anfang 2019 überschlugen sich die Ereignisse, als Bushido mit Polizeischutz in der Öffentlichkeit zu sehen war und Gerüchte kursierten, er hätte alte Freunde auch außerhalb des arabischen Clans verpfiffen. Welche Vorwürfe gegenüber Arafat Abou-Chaker – von Bedrohung über Erpressung zu Freiheitsberaubung – zutreffen und nachgewiesen werden können, wird derzeit vor Gericht geklärt. Ein Stubentiger, der sich mit einer echten Raubkatze einlässt, um mehr Mäuse zu erjagen, darf sich jedenfalls nicht wundern, wenn er irgendwann selbst auf der Speisekarte steht. Der Fall zeigt, dass auch eine selbst designte Reputation nur zu einem gewissen Grad kontrollierbar ist. Denn allzu oft wird man die Geister, die man ruft, um am Image zu feilen, nur schwer wieder los.

Wie kann man aber dann verhindern, dass das eigene Bild und die hart erarbeiteten Erfolge von außen beschädigt werden? Eine Antwort finden wir vielleicht beim SPIEGEL. Seit seiner Gründung 1947 durch Rudolf Augstein galt DER SPIEGEL als ein wichtiges Leitmedium in der deutschen Medienlandschaft. Besonders in Bezug auf die Etablierung und Stärkung der im Grundgesetz verankerten Pressefreiheit im Deutschland der Nachkriegszeit nahm das Nachrichtenmagazin eine wichtige Rolle in der Gesellschaft ein. Man denke etwa an die sogenannte SPIEGEL-Affäre im Jahr 1962, die erst zur unberechtigten Verhaftung mehrerer Redakteure und Herausgeber und schließlich zum Amtsverzicht von Bundesverteidigungsminister Franz Josef Strauß führte, der diese Verhaftungen in Auftrag gegeben hatte. Indem sich während der Affäre viele Studenten und junge Intellektuelle mit dem Wochenblatt und ihren Herausgebern solidarisiert hatten, galt der SPIEGEL als Garant und Verteidiger der Meinungs- und Pressefreiheit. Der kritische Journalismus war geboren. Und nicht nur das: DER SPIEGEL stand seit seiner Gründung für Zuverlässigkeit und herausragende Gründlichkeit bei seinen Recherchen zu Hintergründen und Reportagen.

Anlässlich des 70-jährigen Jubiläums im Jahr 2017 feierte sich DER SPIEGEL selbst mit einem Image-Video, in dem die großartigen Erfolge und die Kultur des Hauses dargestellt wurden: 378.000 Artikel, 3.650 Ausgaben, 2.000 Redakteure, 500 Dokumentare. Im Video zeigt der Chef-Dokumentar stolz das SPIEGEL-Statut vom 1949, eine Art Grundgesetz für alle Mitarbeiter des Magazins, in dem es u. a. heißt:

„Alle im SPIEGEL verarbeiteten und verzeichneten Nachrichten, Informationen, Tatsachen müssen unbedingt zutreffen. Jede Nachricht und jede Tatsache ist vor der Weitergabe an die Redaktion peinlichst genau zu prüfen. Quellen sind in jedem Fall informativ mitzuteilen. In Zweifelsfällen ist eher auf eine Information zu verzichten, als die Gefahr einer falschen Berichterstattung zu laufen. Berichtigungen kann sich der SPIEGEL nicht erlauben."

Für die Einhaltung dieser grundlegenden Prinzipien sollen zwar auch Ressortleiter, Lektoren und Rechtsabteilung sorgen, aber in erster Linie ist die hauseigene Dokumentation mit rund 60 Mitarbeitern – darunter Historiker und Wissenschaftler aus verschiedensten Fachgebieten – verantwortlich für die Qualitätskontrollen beim SPIEGEL. Namen, Daten, Zahlen:

Jedes Wort wird auf seinen Wahrheitsgehalt hin überprüft. Als verifiziert gilt, was mit verlässlichen Quellen belegt ist. Ein perfekt geschaffenes System, in dem der Theorie nach gar keine Ungenauigkeiten oder Störungen geben kann. In ganz Deutschland gibt es keine bessere Faktencheck-Abteilung. Die Reputation des SPIEGEL lautete also ganz simpel: Dieses Magazin veröffentlicht ausschließlich korrekte, verifizierte und mit Quellen belegte Informationen.

Jedes vom Menschen geschaffene System hat allerdings auch seine Grenzen: Wenn ein Reporter etwa mit einem Protagonisten seines Berichtes unter vier Augen spricht, möglicherweise noch im Ausland, hat die Faktencheck-Abteilung keine Chance, zweifelsfrei nachzuprüfen, ob Gespräche oder Geschehnisse wirklich wie beschrieben abgelaufen sind. Die Dokumentation kontrolliert den Text auf Richtigkeit und nicht die Person, die den Text geschrieben hat. Hierin liegt die größte Schwachstelle des Systems: Vertrauen.

Wie Ende 2018 ans Tageslicht kam, wurde genau diese Schwachstelle durch den damaligen SPIEGEL-Autoren Claas Relotius massiv ausgenutzt. Von einem Journalisten, dessen Artikel und Reportagen Preis um Preis gewonnen haben und dem man eine derartige betrügerische Energie nie zugetraut hätte. Das Medienmagazin *ZAPP* hat die 111 Artikel, die Relotius für deutsche Medien schrieb (neben dem SPIEGEL auch *Cicero, dpa, Frankfurter Allgemeine Sonntagszeitung, Financial Times Deutschland, Die Welt,* ZEIT Online), untersucht: Nur etwa ein Viertel seiner Artikel erfüllen die journalistischen Standards vollständig, bei fast einem Drittel sind Details dramatisiert oder erfunden, ein Fünftel der Artikel gelten als in wesentlichen Teilen erfunden und beim größten Teil von seinen Artikeln sind Informationen nicht klar nachweisbar oder Protagonisten nicht aufzufinden.

Für das Nachrichtenmagazin, das mit Wahrheit handelt, bedeutete der Fall den Super-GAU. Der Ruf des SPIEGEL ist durch diese Affäre nachhaltig beschädigt, ohne dass einzelne Qualitätskontrolleure Schuld an dem Debakel tragen. Relotius deckte eine grundsätzliche Schwachstelle im System auf.

ॐ

Ein Ruf basiert auf Vergangenem, auf Erfolgen und Misserfolgen – und auf den Bewertungen anderer. Mit jeder Handlung kann man seinen Ruf festigen, ihn aber genauso zerstören. Macht man seinen Wert wie die beiden französischen Köche zu sehr von dem Bild abhängig, was andere von einem haben, scheint ein einziger Misserfolg bereits das gesamte Selbstwertgefühl zu zerstören. Man liefert sich den anderen völlig aus. Bei allen immer beliebt zu sein und Anerkennung zu erhalten, ist jedoch ein hoffnungsloses Unterfangen. Diesem Anspruch kann niemand gerecht werden, da man die Stimmung und den Geschmack einer anderen Person nicht in der Hand hat. Auch Bushidos Image-Strategie sollten Karriereberater nicht unbedingt empfehlen. Um sich den nötigen Anschein eines gefährlichen Gangsters zu verleihen – ohne Gangster-Image keine Plattenverkäufe –, eignete er sich den Ruf eines arabischen Clans einfach an. Nicht nur konnte Bushido diesem Ruf selbst nicht gerecht werden, er wurde auch Opfer der Geister, die er gerufen hatte.

Wie sehr wir uns auch bemühen, eine völlige Kontrolle der eigenen Reputation ist nicht möglich. Selbst ein gut durchdachtes System wie im SPIEGEL kann nie ausschließen, dass der Ruf irgendwann beschädigt wird. Die kleinste Schwachstelle kann ausgenutzt werden und die hart erarbeitete Reputation so in Gefahr geraten.

Aus diesem Grund sollten wir unseren Selbstwert nicht darauf gründen, wie beliebt wir gerade sind. Stecken wir weniger Energie dort hinein, wie wir heute nach außen wirken, bleibt uns mehr Energie für unser tatsächliches Tun, für unsere nachhaltigen Ziele. Darum sollten wir mutig sein und loslassen. Uns bleibt daher gar nichts anders übrig, als zu vertrauen, dass unsere Bemühungen auch von unseren Mitmenschen am Ende gewürdigt und geschätzt werden.

UND GERADE DADURCH, DAß MAN SICH IRRT, FINDET MAN MANCHMAL DEN WEG.

— Vincent van Gogh

IT MUST SCHWING

Theodore war im Tunnel. Abgeschnitten von der Außenwelt. Völlig versunken in sein Schaffen legte der 12-Jährige eine Vinyl-Platte nach der anderen aus seiner Sammlung auf die Plattenteller. Sein Zimmer in der 159th Street in der Bronx, New York City, war sein „Labor". Auch an den Park-Jams nahm er regelmäßig teil, bei denen viele junge Leute aus dem Viertel zusammenkamen, um Musik zu machen und zu rappen. Hier schien etwas ganz Großes zu entstehen.

Als er wieder einmal in seinem Zimmer auflegte, um den anderen bei der nächsten Jam seine neuen Skills zeigen zu können, schwang die Tür seines Zimmers auf. Seine Mutter stand in der Tür und riss Theodore aus seiner fast schon meditativen Konzentration. Genervt forderte sie ihn auf, die Musikanlage leiser zu stellen. Doch ihr Sohn hatte bereits eine neue Platte aufgelegt und war gerade dabei, sie zu starten. Anstatt die Musik leiser zu drehen, hielt er darum die Platte mit seiner Hand an. Und während er mit seiner Mutter diskutierte, bewegte er die Platte leicht vor und zurück. Welche interessanten Klänge kamen da plötzlich aus den Boxen? Nachdem seine Mutter wieder gegangen war, sagte Theodore zu sich:

**„Yo! Das hat sich ja cool angehört.
Ich sollte damit experimentieren."**

Die Kunst des Scratchings war geboren. Von einem 12-Jährigen. Durch reinen Zufall. Später führte Theodore seine Neuentdeckung vor Publikum vor und begeisterte die Szene. Seine beiden Brüder – die als die L-Brothers bereits in der Hip-Hop-Szene bekannt waren – machten ihn daraufhin mit

Grandmaster Flash, einem großen Vorbild von Theodore, bekannt. Scratchen ist seither wichtiger Bestandteil des Turntablism. Die Geschichte von Grand Wizard Theodore, wie er sich als DJ nannte, ist ein typisches Beispiel, wie sich eine Kultur weiterentwickelt. Derartige Errungenschaften kann man sich nicht herbeiwünschen, man kann sie nicht erzwingen oder planen, sondern nur durch Erproben und Experimentieren entstehen lassen. Doch gibt es keine Möglichkeit, Kreativität gezielt zu fördern, um zu frischen, genialen Ideen zu kommen?

Man ist leicht versucht, bei berühmten Künstlern oder Unternehmen an einen Erfolg über Nacht zu glauben. Wie viele träumen von der einen guten Idee, dem einen Welthit, dem einen Bestseller. Sie glauben, mit nur einem genialen Funken habe man plötzlich für immer ausgesorgt. Nie wieder ackern und schuften im öden Schreibtischjob. Bei solchen Träumereien wird allerdings verkannt, dass ein Phänomen wie ein Overnight Success so gut wie nicht existiert. Hatte J. K. Rowling mit *Harry Potter* Erfolg über Nacht? Mitnichten. *Harry Potter* wurde zwar in der ganzen Welt sehr schnell erfolgreich, aber J. K. Rowling schrieb etliche entbehrungsreiche Jahre als unbekannte Autorin an der Buchreihe. Lange Zeit hatte sie weder ein Verlag noch ein Leser auf dem Radar. Oder Lady Gaga: Ihr Debütalbum *The Fame* schlug zwar mit weltweit 15 Millionen verkauften Tonträgern direkt auf dem Musikmarkt ein. Doch man sollte nicht vergessen, dass Stefani Joanne Angelina Germanotta, wie sie mit bürgerlichem Namen heißt, seit Kindestagen Klavier spielt und bereits als Jugendliche Songs schrieb. Für ihren Durchbruch auf dem

Musikmarkt hat sie über Jahrzehnte hart gearbeitet. Und um so erfolgreich zu bleiben, arbeitet sie jeden Tag weiter.

Kreativität und frische Ideen setzen sich nur durch, wenn kontinuierlich darum gekämpft wird. Das bedeutet permanente Evolution statt schlagartige Revolution. Eine wichtige Zutat für kreativen Erfolg ist daher Beständigkeit und Ausdauer. Wie ein guter Wein müssen sich auch Ideen und Kunst mit viel Geduld stetig weiterentwickeln, um zu etwas Besonderem zu werden.

Alte Grenzen aufzubrechen gehört fast immer zu diesem Prozess dazu. Wie soll man sonst etwas Innovatives in die Welt tragen, wenn man sich nur innerhalb des altbekannten Rahmens bewegt?

Was Innovation bedeutet, zeigt sich in der Kunst inmitten des Ersten Weltkriegs. Während ein Luftschiff der deutschen Wehrmacht die Befestigungen der sowjetischen Stadt Dünaburg, die heute zweitgrößte Stadt Lettlands, beschoss, fanden sich Hugo Ball und Emmy Hennings am Abend des 5. Februar 1916 im Obergeschoss der Kneipe *Meierei* in der Spiegelgasse 1 in Zürich[1] ein. Dort wollten sie einem kleinen Publikum auf dem Klavier begleitete Chansons darbieten. Der Raum war ein dunkles, karg eingerichtetes Loch. Auch die Darbietung glänzte nicht durch Gefälligkeit oder ein fest ausgear-

---

1 Die Spiegelgasse 1 befindet sich übrigens unweit der Spiegelgasse 14, in die noch im selben Monat Lenin mit seiner Frau eingezogen ist, um mit der revolutionären Jugend in Kontakt zu kommen. Hugo Ball setzte darum auch die Vorstellung in die Welt, Lenin habe die Revolution in Russland unter anderem deshalb in Gang gesetzt, weil er Zeuge seiner Kunst geworden sei.

beitetes Konzept. Doch genau diese Ursprünglichkeit machte den Abend so spannend. Das Cabaret Voltaire war geboren. Allabendlich sollten hier fortan Sessions mit Lautgedichten, Tänzen und Schauspiel vorgetragen werden, die ganz anders waren als das bislang Bekannte. Da Provokation für das Cabaret Voltaire zum festen Bestandteil des Programms gehörte, reagierten Gäste und Zuschauer regelmäßig erschüttert und Zeitungen berichteten mit heftiger Kritik über die teilweise absurden Veranstaltungen.

Was wollten die Künstler sagen? Und waren es überhaupt Künstler? Die Gruppierung, um deren Namensherkunft sich verschiedene Mythen ranken, nannte sich DADA oder Dadaisten. Obwohl die Bewegung von etablierten Künstlern ausging, sollte spielerische und provozierende Anti-Kunst gezeigt werden. Das kulturelle Establishment jener Zeit wurde von den Dadaisten kritisch beäugt und dessen Status infrage gestellt. So bezeichneten sie sich selbst nie als Künstler.

Die Bewegung zeichnete sich außerdem durch ihre kulturelle Vielfalt aus. Unter den Gründern der Bewegung war kein einziger gebürtiger Schweizer zu finden. Sie alle waren Einwanderer oder deren Nachkommen: die Deutschen Hugo Ball, Richard Huelsenbeck und Emmy Hennings, der rumänischstämmige Tristan Tzara, der rumänisch-israelitische Marcel Janco und der deutsch-französische Hans Arp. Der Umstand, dass sie sich ausgerechnet in Zürich trafen, lässt sich sowohl durch die neutrale Haltung der Schweiz im Weltkrieg als auch durch Zürichs Rolle als ein Zentrum der Arbeiterbewegung erklären. So prägten heftige Auseinandersetzungen zwischen den Arbeitern der großen Industriebetriebe und dem Großbürgertum die Stadt. Das machte Zürich zu einem Ort, an dem gesellschaftliche Grundsatzdiskussionen und das Hinterfragen des Status quo auf einen fruchtbaren Boden fielen. Ruhelos, weder zum einen noch zum anderen Lager zugehörig, grenzenlos in geografischem, aber auch in vielen anderen Lebensbereichen – dieses Gefühl trieb die Bewegung der Dadaisten an. Um die alten, verkrusteten Strukturen infrage zu stellen und aufzubrechen, sollten gezielt Grenzen aufgehoben werden, wie die Berliner Dadaistin Hanna Höch betont:

> **„Ich möchte die festen Grenzen verwischen,**
> **die wir Menschen selbstsicher um alles uns**
> **Erreichbare zu ziehen geneigt sind."**
> (ELGER, 2006)

Den Mythos des genialen Künstlerindividuums unterliefen die Dadaisten dabei in mehrerer Hinsicht. Zum einen profitierte die Bewegung durch das Zusammenspiel mehrerer Künstler: Das Kollektiv wurde großgeschrieben. Zum anderen bestimmte das Prinzip des Zufalls die dadaistischen Werke und Perfomances: Alles, was in der Kunst strikt geplant und starr angeordnet wurde, lehnten die Dadaisten ab. Tristan Tzaras Anleitung für ein dadaistisches Gedicht trieb das Kunstverständnis auf die Spitze:

> **„Um ein dadaistisches Gedicht zu machen,**
> **nimm eine Zeitung. Nimm eine Schere. Wähle**
> **einen Artikel von der Länge des beabsichtigten**
> **Gedichtes. Schneide den Artikel aus. Schneide**
> **sodann jedes von den Wörtern aus, woraus der**
> **Artikel besteht, und tue sie in einen Beutel.**
> **Schüttle alles leicht. Darauf nimm einen Schnitzel**
> **nach dem anderen so heraus, wie sie aus dem**
> **Beutel kommen. Schreibe gewissenhaft ab.**
> **Das Gedicht wird dir ähnlich sein."**

Wie jede Strömung in der Kunst fand auch DADA ein Ende. Am 9. April 1919 trug Walter Serner Teile aus *Letzte Lockerung* auf der Soiree *Non plus ultra* in Zürich vor. Dabei kam es zu einem Aufruhr des Publikums und Serner wurde von der Bühne gejagt. Auch wenn das Ende des Dadaismus international Anfang der 20er-Jahre verortet wird und unser Kunstverständnis heute stark abweicht, wirkte die Bewegung auch in der darauffolgenden Geisteshaltung nach. Nicht nur durch Künstler, auch politische Bewegungen griffen die dadaistische Idee immer wieder auf, um Grundsätzliches infrage zu stellen.

DADA, das steht für stetigen Widerstand, Auflösung und Erneuerung und Widerstand und Auflösung und so weiter. Indem DADA die Anti-Kunst zur Kunst erklärt hat, hat sich die Bewegung selbst dem Widerstand und der eigenen Erneuerung ausgesetzt.

Was ist nun die beste Methode, um brillante Ideen hervorzubringen: wie beim Entdecken des Scratchings auf Zufälle hoffen oder wie bei DADA alles gnadenlos hinterfragen? Oder gibt es einen Weg, der zwischen diesen beiden verläuft?

Als der Zweite Weltkrieg begann, gründeten die beiden Jazz-Fans Alfred Lion und Francis Wolff, die sich bereits seit ihrer Jugend kannten und als Berliner Juden aus Deutschland emigrierten, das Jazz-Label Blue Notes Records.

Fachlich hatten sie nur wenig Ahnung von Musik oder vom Produzieren von Platten. Was sie allerdings mitbrachten, war ein besonderes Gespür für gute Musik. Sie fühlten die Musik und waren selbst riesige Jazz-Fans. Als sie mit Blue Notes Records anfingen, verfolgten sie darum weniger das Ziel, ei-

nen Hit in den Charts zu landen, als genau die Musik aufzu-
nehmen, die sie selbst als Fans hören wollten. Hatte eine
Platte großen Erfolg am Markt, dann eben nicht aus Kalkül,
sondern als Nebeneffekt. Diese Haltung wirkte sich auch
positiv auf ihren Umgang mit den Künstlern aus.

Der wichtigste Aspekt, der zum nachhaltigen Erfolg von
Blue Notes Records führte, bestand darin, dass Lion und
Wolff ihren Künstlern ihr vollstes Vertrauen schenkten. Das
mussten sie auch. Denn sie waren zwar Liebhaber der Musik,
aber längst keine Jazz-Experten. Die Jazzlegende Herbie
Hancock beispielsweise schwärmte, dass die beiden ihn nie
unter Druck gesetzt hätten, ein Stück auf eine bestimmte Art
und Weise zu spielen. So verstanden sie Kunst: Sie sollte aus
dem Innersten des Künstlers kommen. Niemand könnte das
aus ihm herauspressen. Lion und Wolff verstanden ihren Job
darum so, lediglich eine optimale Plattform zu schaffen, auf
der die Künstler frei schaffen konnten. Mit dieser Haltung
gelang es den beiden Produzenten, Teil des Ganzen zu sein,
anstatt es am Reißbrett von außen zu steuern. Und nur wenige waren in der Szene so respektiert wie sie.

Diese fruchtbaren Rahmenbedingungen zogen eine regel-
rechte Entfesselung der Kreativität nach sich: Bei Blue Notes
Records standen außergewöhnlich viele Musiker unter Ver-
trag, die durch die künstlerische Freiheit die Grenzen der
jeweiligen Disziplinen erweiterten. Thelonious Monk etwa,
der Mitbegründer des Bebops, und auch Legenden wie John
Coltrane, Miles Davis, Art Blakey und Wayne Shorter erhiel-
ten hier genau die Freiheit, um die Künstler zu werden, die
sie werden konnten.

Niemand kann Kreativität kontrollieren, denn dann wäre sie
nicht wirklich, was sie ist: kreativ. Zu schaffen bedeutet dar-

um, aus sich selbst zu schöpfen. Ein enges Korsett und Druck von außen sind dabei nur selten hilfreich. Was man aber beeinflussen kann, ist der Rahmen, der Kreativität fördert und beflügelt. Oder wie es Alfred Lion ausdrückte: *„It must schwing!"*

DEN REICHTUM EINES MENSCHEN
KANN MAN AN DEN DINGEN MESSEN,
DIE ER ENTBEHREN KANN, OHNE
SEINE GUTE LAUNE ZU VERLIEREN.

— HENRY DAVID THOREAU

LASS DICH NICHT VON DEINEM BESITZ BESITZEN

Das Diamantenviertel im belgischen Antwerpen umfasst nur fünf Straßen. Es ist das wohl bedeutendste und berühmteste Viertel der Welt, wenn es sich um die Klassifizierung, Verarbeitung und den Handel von Diamanten dreht. Drei dieser Straßen sind verkehrsfrei und stellen das Herz des Quartiers dar. Hier wird seit Anfang des 19. Jahrhunderts professionell an den wertvollen Steinen gearbeitet, während in den anderen beiden Straßen eher Diamanten- und Schmuckgeschäfte ansässig sind. Mit seiner Nähe zum Hauptbahnhof war das Viertel seinerzeit der perfekte Standort, um die Diamanten über den Schienenweg zu handeln.

80 Prozent aller Rohdiamanten der Welt passieren diese Straßen. Täglich werden hier Diamanten im Wert von 140 Millionen Euro verkauft. Aus diesem Grund befinden sich dort etwa 700 Überwachungskameras, deren Bilder rund um die Uhr unter Beobachtung stehen. Auch ausfahrbare Straßenbarrieren gehören zum Sicherheitskonzept, das es Fluchtwagen unmöglich machen soll, das Viertel zu verlassen.

In der Schupstraat 9–11 befindet sich das Antwerp World Diamond Centre (AWDC), das den Antwerpener Diamantensektor offiziell koordiniert und diesen als Dachverband repräsentiert. Diamanten im Wert von etwa 1 Milliarde Dollar lagern hier. Kein Wunder also, dass im Inneren des Diamantenzentrums Videokameras jeden noch so schmalen Winkel aufzeichnen. Der Hochsicherheitskeller hat einen Tresorraum, der Hunderte Tresore beherbergt. Dieser Raum wird zwar nicht kameraüberwacht, um den Kunden absolute Diskretion zuzusichern. Der Tresorraum ist jedoch mit einer der sichersten Safe-Türen ausgestattet, die man weltweit erwerben kann. Indem durch eine Linse geschaut wird, während die richtige von 100 Millionen möglichen Zahlenkombinationen eingegeben wird, lässt sich die Kombination nicht von außen erspähen. Zugang zum Tresor erhält man außerdem nur durch den Besitz eines Spezialschlüssels. Versucht jemand außerhalb der täglichen Öffnungszeiten Zugang zum Tresorraum zu bekommen, löst eine äußere magnetische Vorrichtung sofort Alarm aus. Im Tresorraum selbst befinden sich drei Sensoren, die auf Körperwärme, Licht und Bewegung reagieren. Außerdem ist jedes der Schließfächer zusätzlich durch ein Schloss gesichert, zu dem man den Schlüssel sowie einen dreistelligen Code benötigt. Insgesamt sollen es diese Sicherheitsvorkehrungen selbst den größten Meisterdieben unmöglich machen, an die Inhalte der Schließfächer zu gelangen. Und sie haben sich bewährt: 200 Jahre lang gab es keinen Einbruch oder Raub. Bis zum Februar 2003.

Agim De Bruycker, der langjährige Antwerpener Polizeichef und Leiter der Diamanten-Einheit, kam am Morgen des 17. Februar ins AWDC. Gerade war in der weltweit einzigen Polizeieinheit, die auf Diamanten spezialisiert ist, ein verzweifelter Anruf eingegangen: Der Tresorraum wurde geknackt. Koffer, Reisetaschen und geöffnete, meist leere Schmuckkisten lagen wild durcheinander auf dem Boden. Die wenigen ungeöffneten Schließfächer und restlichen Geldbündel hinter der angelehnten Stahltür ließ sich wohl nur dadurch erklären, dass die Diebe zu viel Beute gemacht hatten, um alles tragen zu können.

De Bruycker rief die Polizeizentrale an und ließ sofort landesweiten Alarm auslösen. Als Nächstes folgte ein Anruf bei der verantwortlichen Sicherheitsfirma. Dort behauptete man, die Alarm-Funktionen seien alle voll intakt und aktiv. Irgendetwas stimmte nicht.

Wie konnten die Täter alle Sicherheitsvorkehrungen überwinden und unbemerkt in den Tresorraum hinein- und wieder herausspazieren? Wie sich im Laufe der Ermittlungen zeigen sollte, genügten für viele der modernen Sicherheitsmechanismen Hilfsmittel, die es für jeweils unter 10 Euro zu erwerben gab. Mit Haarspray wurde ein feiner Film auf die Bewegungssensoren gesprüht. Der Lichtsensor wurde im Dunkeln einfach mit Klebeband abgedeckt. Den Körperwärme-Sensor machten die Diebe durch eine präparierte Styroporplatte unschädlich und die magnetische Mechanik der Tresortür hatten sie mit einer ausgeklügelten Halterung aus Aluminium in den Griff bekommen. Aber was war mit all den anderen Sicherheitsvorkehrungen? Polizeichef De Bruycker tappte im Dunkeln. Wer steckte hinter diesem Coup und wie wurden die Barrieren ausgehebelt? Der Schaden des spektakulären Raubs, der wohl nur durch Komplizen von innen gelingen konnte, wurde offiziell auf über 100 Millionen Dollar in Diamanten, Juwelen und Gold geschätzt. Fachleute gehen heute jedoch von weit mehr aus, nämlich von etwa 400 Millionen Dollar. Den tatsächlichen Schaden wird man wohl niemals vollständig erfassen können, da die Inhalte der Schließfächer stets vertraulich behandelt wurden und nur den Mietern bekannt waren.

Doch warum ist uns Besitz überhaupt so wichtig? Warum möchten wir ihn um jeden Preis kontrollieren und immer mehr davon anhäufen? Welches Gefühl verleiht uns das Wissen, im Besitz vieler Ressourcen zu sein? Und ab wann ist dieses Verhältnis zu Geld oder Dingen ungesund? Dinge besitzen und bewahren zu wollen, liegt in der Natur des Menschen. Der Psychoanalytiker Erich Fromm vertrat in seinem Werk *Haben oder Sein* die These, dass schon Säuglinge von etwas Besitz ergreifen möchten, wenn sie sich Gegenstände wie etwa einen Schnuller – in der oralen Phase eines Babys aber auch viele andere Gegenstände – in den Mund stecken und damit versuchen, sich die Sache einzuverleiben. Im Essay *Why we need things* erklärt der emeritierte Professor für Psychologie Mihaly Csikszentmihalyi, dass Menschen Besitztümer dazu nutzen, mit dem jeweiligen Objekt eine Einheit zu bilden und so ihre Macht zu demonstrieren. Durch den Besitz von Machtobjekten werden Menschen beachtet und bewundert: Für viele Männer sind das Dinge, die ihre Ausdauer und Stärke repräsentieren, wie z.B. Autos, Boote, Werkzeuge oder Sport-Equipment; bei Frauen zählen dazu häufig eher Objekte, die ihre Attraktivität und Fruchtbarkeit ausdrücken sollen, wie etwa Kleider, Schmuck oder Möbel. Nur durch die Bewunderung durch andere Menschen erhalten Besitztümer und Luxusartikel ihre Kraft. Sie verleihen dem Besitzer ein Gefühl der Anerkennung, was ein Grundbedürfnis jedes Menschen ist.

Doch wo die Gleichung *Besitztümer = Anerkennung* zur Anwendung kommt, klafft früher oder später ein tiefer Riss. Denn kommen wir in Besitz von etwas, erleben wir das Gefühl von Anerkennung nur kurz – das Bedürfnis nach Anerkennung aber ist unersättlich und will stetig gefüttert werden. Immer mehr Besitztümer anzuhäufen, um diesen endlosen Hunger zu stillen, ist darum auf lange Sicht keine Option für inneres Glück. Auch in anderer Hinsicht hemmt uns die Fixierung auf Besitz. Laut Fromm kann zwischen zwei Lebensarten unterschieden werden: Es gibt Menschen, die auf das Haben von etwas fokussiert sind, und es gibt Menschen, die sich auf das Sein konzentrieren. So beobachtete er z. B. Studenten, die eine Vorlesung besuchten, um die Lerninhalte zu *besitzen*. Studierende, die auf das Haben fixiert sind, machen sich fleißig Notizen von allen genannten Informationen, um sich so vollständig wie möglich auf die Prüfung vorzubereiten. Diese Informationen werden aber nie wirklich Bestandteil ihrer Gedankenwelt oder ihres eigenen Wesens, sie bereichern oder entwickeln sie in keiner Weise. Die Studenten verfolgen lediglich das Ziel, die Informationen *festzuhalten* und zu *bewahren*. Dadurch bringen sie auch nichts Neues hervor und diskutieren nicht mit ihren Kommilitonen über Inhalte. Ein Austausch oder Diskurs findet nicht statt.

Was aber geschieht, wenn eine ganze Gesellschaft nur noch auf Besitz ausgelegt ist und nicht mehr auf einen förderlichen Diskurs? Sollte eine Gesellschaft eingreifen, weil zu viel Besitz einer kleinen Gruppe zur Gefahr für alle werden kann? Wie groß muss der Reichtum eines einzelnen Menschen werden, dass dies gerechtfertigt wäre?

Der aus dem badischen Walldorf stammende Johann Jakob Astor war der erste Millionär Amerikas. Doch wie reich er tatsächlich war, wurde erst nach seinem Tod am 29. März 1848 publik. Die New Yorker Tagespresse veröffentlichte seinen Nachlass: Astor hinterließ Aktien, zwei Hotels, ein Theater, unzählige bebaute und unbebaute Grundstücke auf Manhattan sowie die für die damalige Zeit unvorstellbare Geldsumme von 20 Millionen Dollar. Um diese Summe korrekt einzuordnen: Damals besaßen nur etwa ein 1 Prozent der New Yorker mehr als 34.000 Dollar. Das *Forbes Magazine* berechnete für das Gesamtvermögen Astors den heutigen Gegenwert von 110 Milliarden Dollar. Die amerikanische Öffentlichkeit reagierte damals extrem schockiert auf diese Bekanntgabe. Nachdem Amerika den ungezügelten Wirtschaftsliberalismus kennen und lieben gelernt hatte, besannen sich nun plötzlich wieder viele Stimmen – vor allem aus der patriotisch-republikanischen Ecke – auf Werte zum Wohle der Gemeinschaft. Der Staat solle strikte Steuergesetze verabschieden, um derartigen Reichtum einzelner Personen zu unterbinden. Dem einst angesehenen Astor wurde nun Anstandslosigkeit, Geiz und unbändige Gier vorgeworfen. Er hätte sein Vermögen ausschließlich gemeinnützigen Zwecken vermachen sollen, so die Meinung mancher Journalisten. Jeder Bürger habe die patriotische Verpflichtung, dem Wohl der republikanischen Gemeinschaft zu dienen.

Eine ganz andere Wandlung machte ein Engländer sechs Jahre zuvor durch. Kurz vor seinem 30. Geburtstag überquerte Charles Dickens – in diesem jungen Alter bereits ein gefeierter Star der Literatur – auf dem Dampfschiff RMS Britannia den Atlantik und bereiste die Vereinigten Staaten von Amerika. Angetrieben durch seine intellektuellen Freunde machte er es sich zur Aufgabe, die noch junge Nation zu erkunden. Dickens kam auch nach New York City, wo er von der High Society der aufstrebenden Metropole mit einem rauschenden Empfang gefeiert wurde. Gastgeber empfingen ihn mit festliche Bällen und Dinnern, die er stets höflich goutierte. Dies änderte sich jedoch schlagartig nach seiner Rückkehr nach England. Hier äußerte sich Dickens sehr negativ und kritisch gegenüber den Vereinigten Staaten im Allgemeinen und über New York City und die dortige Gesellschaft im Speziellen. Seine antiamerikanischen Zeitungsartikel offenbarten geradezu einen Ekel gegenüber der Habgier der Amerikaner, die nichts anderes im Sinn hätten, als jedem einzelnen Dollar hinterherzurennen. Nur ein Jahr nach seiner Reise im Jahr 1843 veröffentlichte Dickens mit *Eine Weihnachtsgeschichte* (englischer Titel: *A Christmas Carol*) eine der meistverkauften Geschichten der Welt. Sie erzählt vom alten Ebenezer Scrooge, einem geizigen, verbitterten Mann ohne jegliche Freude im Leben: Obwohl er steinreich ist, kann er sich nach dem Tod seines Geschäftspartners Jacob Marley zu keinem Lächeln oder einem netten Wort an seine Mitmenschen durchringen. Nicht einmal zu Weihnachten. Sein Assistent Bob Cratchit und auch Scrooges Familie empfinden großes Mitleid für den Alten, laden ihn zum Weihnachtsfest ein, doch nichts mag den Griesgram so wirklich begeistern.

> **„Oh, er war ein wahrer Blutsauger, dieser Scrooge! Ein gieriger, zusammenkratzender, festhaltender, geiziger alter Sünder."**

Wie aufmerksame Leser schon ahnen, basiert die Figur Scrooge auf Johann Jakob Astor. Charles Dickens hatte ihn während seines Aufenthalts in New York kennengelernt und seine Eigenheiten in die Köpfe von Millionen Lesern gepflanzt. Astor schaffte es aber nicht nur in die berühmte Geschichte von Charles Dickens. Auch die reichste Ente der Welt, Dagobert Duck, wird im Original *Scrooge McDuck*, *Uncle Scrooge* oder *Scroogey* genannt und bezieht sich auf Dickens' Figur bzw. auf Johann Jakob Astor. Dagobert wird als geiziger, äußerst sparsamer, aber auch extrem ängstlicher Zeitgenosse dargestellt. Ihm bereitet nichts mehr Freude, als in seinem gepanzerten Geldspeicher seine Münzen zu stapeln und zu zählen. Aber diese Freude bezahlt er mit einer völlig irrationalen Panik. Auch nur eine einzige Münze seines Vermögens zu verlieren, flößt ihm eine unglaubliche Angst ein.

Ob Astor, Scrooge oder Dagobert Duck: Sie sind nicht dazu imstande, ihre gehamsterten, fast unendlichen Besitztümer ins Jenseits mitzunehmen. Genauso wenig wie jeder andere. Sie alle zeigen in ihren Biografien, dass Gier ihren Preis hat.

Auch der Diamantenraub in Antwerpen blieb nicht ohne Folgen. Vier Tage nach dem Raubzug meldete sich August van Camp bei der Polizei. Er besaß ein Grundstück entlang der Schnellstraße E 19 und meldete sich regelmäßig bei der Polizei, wenn er größere Mengen Müll auf seinem Grundstück fand. Doch diesmal war alles ein wenig anders: Beim neuesten Fund des 59-Jährigen handelte es sich zwar um Mülltüten mit Abfallresten, aber auch um Diamanten, Aktien, Bargeld, Zertifikate, Umschläge mit Aufdruck des Antwerp Diamond Centre und Videokassetten. Im Abfall befand sich auch ein halb aufgegessenes Sandwich mit italienischer Salami. Dazu eine leere Weinflasche. Italienischer Wein. Zudem fand man einen Kassenzettel eines Geschäfts in der Nähe des Diamantenviertels. Diese Spuren führten eindeutig zu den Dieben. Im Gefängnis gab der Italiener Leonardo Notarbartolo dem *WIRED*-Journalisten Joshua Davis 2008 ein ausführliches Interview. Er legte sämtliche Details zum Raub offen und beschuldigte einen Diamantenhändler aus Antwerpen, das Ganze für einen großen Versicherungsbetrug organisiert zu haben. Laut Notarbartolo waren die Tresore zuvor von den Händlern ausgeräumt worden. Ganz unmöglich erscheint diese Version nicht, denn ganz ohne Insiderwissen hätten die Diebe den Raub wohl nicht durchführen können.

Aber auch ohne Hilfe von innen sind Besitztümer nie zu 100 Prozent sicher. Immer gibt es eine Lücke im Sicherheitssystem, eine Möglichkeit, es auszuhebeln: Wie gewonnen, so zerronnen. Besitztümer kommen und gehen und können nie völlig kontrolliert werden. Da helfen weder ausgeklügelte Tresorsysteme noch andere Sicherheitsvorrichtungen. Wer sein Seelenheil von seinen Besitztümern abhängig macht, riskiert darum, in ein tiefes seelisches Chaos zu stürzen.

Denn auch wenn niemand Besitztümer vollständig kontrollieren und sichern kann, so können diese – wenn man nicht aufpasst – den Besitzer kontrollieren. Wenn unser Besitz uns nicht die Freiheit gibt, das zu tun, was wir wollen, sondern uns im Gegenteil belastet und einschränkt, ist es Zeit, uns davon zu lösen. Wer innerlich frei sein möchte, sollte sich unter keinen Umständen von Materiellem abhängig machen. Strebst du nach einer absoluten Sicherheit, macht dich das angreifbar und verletzlich. Denn diese Sicherheit ist trügerisch und kann dir jederzeit genommen werden. Das wusste schon Seneca, einer der reichsten Menschen seiner Zeit:

„Niemand anders ist Gottes würdig, als wer den Reichtum verachtet. Dessen Besitz verbiete ich dir nicht, doch will ich bewirken, dass du ihn ohne Zittern besitzt: Das kannst du auf eine einzige Weise erreichen, wenn du auch ohne ihn leben zu können überzeugt bist, wenn du ihn stets als gleichsam schon verschwindend betrachtest."

WIR HABEN ES VÖLLIG UNTER KONTROLLE.

— Donald Trump am 22. Januar 2020

RESPEKTIERE DIE WAHRE SUPERMACHT

Was mag im Kopf des amtierenden Präsidenten der USA und seinen Mitarbeitern vorgehen?

Kontrolliere das Siegerlächeln. Die Krawatte. Die Anstecknadel. Die Lederschuhe. Den Teint. Die Frisur.
Kontrolliere die Rede. Die Haltung. Die Beleuchtung. Den Händedruck. Das Timing. Das Publikum.
Kontrolliere die Mainstream-Medien. Twitter. Die Journalisten. Die Anzeigen auf Facebook. Die Story. Die Meinung. Die Wahrheit.
Kontrolliere die Grenzen. Die Immigranten. Die Zölle. Die Ressourcen. Die Umwelt. Die Verhandlungen. Den Markt. Die Preise. Die Deals. Die Handelspartner. Die politischen Feinde und Freunde.
Kontrolliere die Bevölkerung. Die Meinung über die Demokraten. Über die Republikaner. Über mich. Kontrolliere den Zeigefinger. Kontrolliere, wer als Sündenbock dient und wer als wahre Supermacht wahrgenommen wird.

VERDAMMT.

Bei all diesen Aufgaben wird das Regieren fast zur Nebensache. 2020 hat wie kaum ein anderes Jahr gezeigt, dass die absolute Kontrolle unserer Umwelt unmöglich ist. Nicht einmal der mächtigste Mann der Welt kann Fledermäuse und ihr Verhalten kontrollieren. Auch die Fähigkeit eines Virus, sich an seine Umwelt anzupassen und zu mutieren, wird er nicht einfach auslöschen können. Genauso wenig wie die Übertragung auf ein anderes Tier. Selbst wenn es darum geht, die Verbreitung eines hoch ansteckenden Virus im eigenen Land zu kontrollieren, stößt eine Supermacht augenscheinlich an ihre Grenzen. Besonders, wenn der Virus zunächst als Fake News abgetan wird. Das beschämende Bild von Krankenschwestern in selbst gebastelten Schutzanzügen aus Mülltüten dürfte noch lange, wenn Trump schon nicht mehr im Amt ist, im kollektiven Gedächtnis bleiben. Das Image des Landes in der Welt hat dadurch einigen Schaden genommen. Aber auch in anderen Ländern hat COVID-19 gezeigt, dass es unmöglich ist, die Natur – als einzig wahre Supermacht auf diesem Planeten – zu kontrollieren.

Ob Kriege, Naturkatastrophen, soziale Extremsituationen oder Epidemien – wir haben nicht alles in der Hand. Meist kommen sie plötzlich und belasten unsere Nerven und Ressourcen. Und sie machen Angst. Wir verlieren den Boden unter den Füßen, weil sich unsere sicher geglaubte Normalität in Luft auflöst und wir gezwungen werden, uns extrem schnell auf neue Gegebenheiten einzustellen.

Was aber haben wir unter Kontrolle? Worauf sollten wir uns konzentrieren? Darauf, die Schuld auf die anderen zu schieben und von uns selbst abzulenken? Verbessert so ein Verhalten irgendetwas an unserer Situation? Nein, wir haben einzig unter Kontrolle, wie wir mit den Katastrophen umgehen und sie lösen. Das entscheidet darüber, ob und wie wir eine Krise überstehen. Fairness, Mitgefühl, Menschlichkeit und Solidarität sind unter dem Strich jene Züge, die die Welt auch in Ausnahmezuständen lebenswert machen.

Je früher Menschen wieder Demut vor der Natur und ihrer unkontrollierbaren Kraft erlangen, desto eher erhalten wir unsere Lebensgrundlage und meistern neue, schwierige Situationen – in die uns die Natur und wir uns selbst ohne

Zweifel immer wieder bringen werden. Respektvoll mit Mutter Erde umzugehen, anstatt sie nur als Rohstoffquelle anzusehen, auch das wäre gelebte Solidarität. Und das haben wir wirklich in der Hand.

DER WEG IST DAS ZIEL.

— Konfuzius

GEWINNEN IST NICHT ALLES

Die Welt des Sports ist seit jeher sehr zahlenlastig und daten-
getrieben. Wann wurden die 100 Meter zum ersten Mal unter
10 Sekunden gelaufen? Wer hält den Rekord im Weitsprung,
wer springt in der nächsten Weltmeisterschaft am höchsten?
Wie viele Tore wurden in der Saison erzielt? Wie hoch war
die Anzahl der gelben Karten, der Fouls und Passspiele?
Sportstatistiken sind sowohl für Journalisten und Fans als
auch für Trainer, Manager und Scouts ein wichtiges Instrument, um sich ein Bild von der aktuellen Leistung der Akteu-
re zu machen und die richtigen Entscheidungen zu treffen.
Heutzutage werden Statistiken in hohem Maße durch algo-
rithmisch-gesteuerte Software und Computersysteme erstellt,
die alle Leistungen erfassen und analysieren und auf dieser
Grundlage einen Vorschlag unterbreiten.

Speziell in den US-amerikanischen Sportarten spielen Daten und Statistiken eine wichtige Rolle. Im Baseball hat das
datengetriebene Beobachten und Entscheiden sogar einen eigenen Namen: *Sabermetrics*. Zwar können Daten aufgrund der
Eins-gegen-eins-Situation zwischen Werfer und Schläger deutlich besser dem jeweiligen Spieler zugeschrieben werden als in
anderen Mannschaftssportarten, aber auch der American Football ist durchdrungen von Zahlen und Statistiken. Spieler und
Teams der NFL (National Football League) werden bewertet
anhand von Punkten, Field Goals und Touchdowns, anhand
der Anzahl an Läufen, Yards und angekommenen Pässen
ebenso wie am erzielten Raumgewinn je Passversuch, an den
erzielten Touchdowns gemessen an den Passversuchen, anhand der Anzahl an Interceptions (abgefangene Pässe der
gegnerischen Mannschaft), an den erlaufenen Yards nach

Interceptions und anhand vieler anderer Kennzahlen. Es gibt kaum etwas, was die Experten nicht messen. Warum auch nicht? Zahlen sind transparent, eindeutig und trennen die Spreu vom Weizen. Doch nutzen Zahlen und Daten auch einem krisengebeutelten Team als Orientierung, um aus der Misere zu kommen? Dienen der reine Soll-Ist-Abgleich und objektive Maßstäbe der Motivation? Oder bewirkt so ein Vorgehen vielleicht sogar eher das Gegenteil?

Coach Walsh brach nach dem Spiel gegen die Miami Dolphins völlig zusammen. Sie hatten alles gegeben. Er hätte seine Mannschaft, die San Francisco 49ers, einfach zum Sieg führen *müssen*. Als er im Flieger Richtung Kalifornien saß, ließ er seinen lang aufgestauten Emotionen freien Lauf und schämte sich nicht für seine Tränen. Seinen Einstieg in die oberste Football-Liga hatte er sich deutlich anders vorgestellt, als er aus Stanford gekommen war. War er der Herausforderung als Headcoach eines NFL-Teams wirklich gewachsen oder sollte er besser das Handtuch schmeißen? Bill Walsh zweifelte an sich, auch wenn ihn in San Francisco ein riesiger Scherbenhaufen erwartet hatte. Drei Trainer innerhalb nur eines Jahres hatte der Verein vertilgt. Ein demotiviertes, zusammengestückeltes Team, dem aus 16 Spielen in der Vorsaison nur zwei Siege gelangen. Falsche Management-Entscheidungen seines Vorgängers, der einen Großteil des Etats für den damaligen Star O. J. Simpson (der später im „Prozess des Jahrhunderts" wegen Mordes zu neun Jahren Haft verurteilt wurde – aber das ist eine andere sehr spannende Geschichte) aus dem Fenster geschmissen hatte, der mittlerweile aber zu alt und zu anfällig für Verletzungen war. Eine poröse

Infrastruktur im Vereinsheim. Kein Wirgefühl. In der Summe waren das nicht gerade die besten Bedingungen, um ein Team aus dem Sumpf zu ziehen. Etwas musste sich ändern. Was war Walshs Strategie, um bei den 49ers den Wandel herbeizuführen? Er brachte seinen eigenen Verhaltenskodex mit nach San Francisco, den sogenannten *Standard of Performance*. Jede Person, die zum Verein gehörte – also Footballspieler, Verwaltungsmitarbeiter, Parkhauswächter bis hin zum Präsidenten – wurde aufgefordert, diesen neuen Leitlinien und Werten zu folgen. Die neue Team-Mentalität war nicht verhandelbar. Tatsächlich hatte sich zu Beginn von Walshs zweiter Saison bereits eine leichte Wende eingestellt. Doch dann verloren sie die darauffolgenden sieben Duelle allesamt. Zu früh gefreut? Dazu dieses Spiel in Miami gegen die Dolphins; ein Spiel, bei dem die 49ers so stark kämpften und das durch einige unglückliche Wendungen doch knapp verloren ging.

War seine Philosophie, sein *Standard of Performance*, mit dieser Niederlage endgültig gescheitert?

Das Werk zu tun sei dein Beruf,
nicht kümmre dich's, ob es gelang,
begehre nie der Taten Frucht,
doch fröne nicht dem Müßiggang.
(Kapitel 2, Vers 47, Bhagavadgita)

Ergebungsvoll tu jedes Werk
und frei von irdischer Begier,
ob gut, ob schlecht der Ausgang sei;
bewahre stets den Gleichmut dir.
(Kapitel 2, Vers 48, Bhagavadgita)

Diese beiden Verse bringen die zentrale Botschaft eines der bedeutendsten Bücher des Hinduismus, der Bhagavadgita (kurz: Gita), auf den Punkt. In der Geschichte der Gita gibt der Wagenlenker Krishna dem Krieger Arjuna Anweisungen und Ratschläge zum Verhalten auf dem Schlachtfeld. Das Üben und Beherrschen von *Nishkam Karma* kann uns dabei helfen, unsere Aktivitäten wieder stärker um deren selbst willen auszuführen. Denn *Nishkam Karma* bedeutet „Handeln oder Tun, (Karma) ohne anzuhaften". Damit ist gemeint, dass man nicht an den Resultaten des eigenen Handels hängen und stattdessen seinen Dienst selbstlos und ohne Erwartungen an eigenen Nutzen ausführen soll. Die Yogis sehen ausschließlich vier Möglichkeiten, warum man überhaupt handeln, denken oder sprechen sollte: Um Gott zu dienen, um seine Pflicht zu tun, um einem anderen zu helfen oder weil man von innen heraus spürt, dass man zu dieser Handlung inspiriert ist. Dieses Prinzip kann in verschiedenen Lebensbereichen wie persönlichen Beziehungen oder sogar im beruflichen Kontext angewandt werden. Aber auch im stark ergebnisorientierten Sport?

Walshs *Standard of Performance* enthielt eine Liste an Prinzipien und forderte eine Arbeitsmoral, die eine kontinuierliche Verbesserung anstrebte. Die Vereinsmitglieder sollten einander ehrlichen Respekt und Loyalität demonstrieren, unabhängig von deren Position oder ihrer Rolle im Team. Eine persönliche Verpflichtung zum Lernen und Lehren wurde eingefordert, Fairness und Charakter waren neue Eckpfeiler des Umgangs. Die Leitlinien betonten auch die direkte Verbindung zwischen den Details einer Handlung und der gesamten, kontinuierlichen Weiterentwicklung. Jeder Einzelne im Team wurde dazu angehalten, Selbstkontrolle – speziell unter Druck – zu trainieren, sich eine positive Sprache und Einstellung anzueignen und sich kompromisslos an diese neuen Verhaltensregeln zu halten. Walsh legte großen Wert auf ein tadelloses äußeres Erscheinungsbild. Seine Überzeugung war: Gewinner verhalten sich wie Gewinner, bevor sie Gewinner sind.

Alle Vorgänge im Verein hatten sich der Einhaltung des *Standard of Performance* unterzuordnen. Auch das Hauptziel aller Sportler: zu gewinnen. Walsh nahm für einen umfassenden Kulturwandel selbst das Verlieren zu Beginn in Kauf, was sich vor allem für die Spieler merkwürdig angefühlt haben musste.

Stelle dir vor: Ihr komplettes Leben lang wurde diesen Footballern eingetrichtert, dass nichts anderes zähle als das Gewinnen. Zweiter zu sein bedeutete immer, zu scheitern. Doch plötzlich tauchte dieser neue Coach auf, der nicht mehr von Zahlen und Statistiken sprach, sondern von Respekt, Anstand und persönlichem Wachstum. Konnte das wirklich funktionieren? Für manche Spieler funktionierte es nicht. Sie wurden wie „Unkraut aus dem Team gerissen" und durch jene ersetzt, die sich ganz auf Walshs Philosophie einlassen konnten und wollten.

Ein Mitarbeiter ging sogar zum Besitzer der 49ers, Eddie DeBartolo, um sich bei ihm zu beschweren. Doch DeBartolo stand zu 100 Prozent hinter Walsh, seiner Philosophie und seinem Willen, im Verein eine neue Kultur entstehen zu lassen. Der Mitarbeiter wurde für sein illoyales Verhalten gegenüber Walsh umgehend gefeuert.

Zwei Regeln des *Standard of Performance* machten schließlich den Unterschied zwischen Erfolg und Misserfolg:

„Sei stolz auf deine Bemühung als solche,
unabhängig vom Ergebnis dieser Bemühung."

und

„Behandle Sieg und Niederlage,
Lob und Demütigung angemessen."

Hat sich das Team angestrengt, sollte das also von nun an gewürdigt werden – selbst wenn es am Ende nicht zum Sieg reichte. Auch Lob oder Kritik von außen sollten fortan ignoriert werden. Ganz nach dem römischen Kaiser Marcus Aurelius:

„Wenn du deine Pflicht tust,
muss es dir gleichgültig sein, ob dich die
Menschen schmähen oder preisen."

Hinzu kam der Aspekt, dass Walsh für die Leistung im Spiel nach der 80/20-Regel (Pareto-Prinzip) handelte. Er forderte sein Team auf, sich auf die 80 Prozent der Faktoren im Spiel zu konzentrieren, die sie wirklich kontrollieren konnten. Die 20 Prozent, die nicht in ihren Händen lagen, sollten die Spieler und alle Beteiligten hingegen komplett ignorieren. Zu diesen 20 Prozent zählten etwa die Laune des Schiedsrichters, das Wetter, unglücklich springende Bälle oder auch die Verfassung des Gegners. All das konnte niemand beeinflussen, weshalb Walshs Spieler sich nicht weiter damit beschäftigen sollten.

Sich während des Spiels nicht auf die Resultate zu konzentrieren, war schließlich von Erfolg gekrönt: In der dritten Walsh-Saison hatte er mit seiner Philosophie den kompletten

Verein auf den Kopf gestellt und aus einer Lachnummer der Liga einen Super-Bowl-Gewinner gemacht. Insgesamt bescherte er den 49ers drei Super-Bowl-Titel.

Was können wir aus der Geschichte mitnehmen? Nicht einmal im Leistungssport kann man das, was aus den eigenen Bemühungen resultiert, vollständig kontrollieren. Ein paar Dinge hat man in der Hand, manche aber nicht. Betrachten wir unsere Bemühungen und deren Resultate getrennt voneinander, vermeiden wir unnötige Frustration und können uns auch bei Niederlagen für die nächste Schlacht motivieren. Außerdem können wir uns auf das Wesentliche konzentrieren, nämlich unser Bestes zu geben, statt unrealistische Erwartungen zu erfüllen.

Auf diese Art zu handeln, mag im ersten Moment schwierig erscheinen. Auf lange Sicht belohnt uns diese Sichtweise aber. Denn mit ihr erreichen wir Erfolg und Glück sehr viel eher, als indem wir immer wechselnden, äußeren Ziel hinterherjagen. Echte Werte, unerschütterliche Prinzipien des Handelns geben Orientierung und Sinn im eigenen Tun und bieten daher schon von Anfang an ein befriedigendes Resultat. So kann jeder seinen eigenen *Standard of Performance* aufstellen. Wie wird deiner aussehen?

WENN ICH LOSLASSE, WAS ICH BIN,
WERDE ICH, WAS ICH SEIN KANN.

— Lao-tse

WERDE WER DU SEIN KANNST

„Klassenclown!", „Zappelphilipp!", „Unruhestifter!" – Michael hatte einen ungeheuren Drang danach, die Aufmerksamkeit seiner Mitschüler auf sich zu lenken. Spielchen und Spinnereien im Unterricht waren bei ihm an der Tagesordnung. Angefangen hatte dieses Verhalten nach der Scheidung seiner Eltern einige Jahre zuvor: Da sein Vater nicht mehr in der Nähe war, suchte Michael immer wieder neue Quellen der Anerkennung. Seine Lehrer waren von Michaels Shows ganz und gar nicht begeistert und so bekam der Junge schließlich von seinem Kinderarzt die Diagnose aufgestempelt: Aufmerksamkeitsdefizit-Hyperaktivitätsstörung (ADHS). ADHS ist eine Verhaltensstörung, bei der zwar genetische Ursachen im Gehirn vorliegen, die aber durch verschiedene Umweltfaktoren – etwa durch das emotionale Erlebnis einer Scheidung – erst ausgelöst werden. Wird auf die Betroffenen ein zu hoher emotionaler Druck ausgeübt, kommt es zu Störungen im Selbstmanagement-System des Gehirns und schließlich zu unkontrolliertem Verhalten.

Kannst du dir vorstellen, wie das ist, den eigenen Körper und sein Verhalten nicht mehr unter Kontrolle zu haben? Mit der ADHS-Diagnose kam für Michael direkt Ritalin ins Spiel. Das Medikament verschreiben Ärzte auffälligen Schülern gerne – auch um sie ruhigzustellen. Schließlich sollen alle Kinder im Schulsystem wie eine gut geölte Maschine funktionieren. Aber was bewirkt das Medikament eigentlich?

Im Jahr 1944 entwickelte der Schweizer Chemiker Leandro Panizzon den Arzneistoff Ritalin mit dem enthaltenen Wirkstoff Methylphenidat. Marguerite, die Frau von Panizzon, nahm die Substanz gerne vor einem Tennisspiel ein, um es besser verfolgen zu können. Sie diente übrigens auch als Namensgeberin für Ritalin: Ihr Spitzname war „Rita".

Ritalin wirkt auf Patienten stimulierend. Das klingt zunächst einmal seltsam. Warum sollte man es dann einnehmen, um Unruhe und mangelnde Konzentrationsfähigkeit in den Griff zu bekommen? Ritalin hat aber die Wirkung, Transporter von Botenstoffen wie Dopamin oder Noradrenalin, die für unseren Antrieb und die Aufmerksamkeitsteuerung zuständig sind, zu blockieren. Das hat zur Folge, dass diese Botenstoffe nach ihrer Ausschüttung nicht wieder zurück in die Ursprungszelle gelangen und ihre Wirkung im Körper verlängert wird. Dieser Effekt soll Menschen mit ADHS helfen. Nach der Einnahme erreicht die Wirkung von Ritalin innerhalb von zwei Stunden ihren Höhepunkt. Dann sind alle Affekte wie von Zauberhand unterdrückt, denn das innere Impulssystem ist abgeschaltet. Das Erlebte wirkt nun so intensiv wie sonst nie. Die Wahrnehmung wird eingedämmt und auf das Wesentliche reduziert. Ritalin ist heute das meistverschriebene Medikament bei der Behandlung von ADHS.

Betrachtet man allein die Situation in Deutschland, so hat sich die Anzahl an Verschreibungen von gegen ADHS eingesetzte Medikamenten zwischen 2004 und 2018 von 26 Millionen verordneten Tagesdosen auf 53 Millionen verdoppelt. Ob sich in dieser Zeit auch die Zahl an Kindern mit Konzentrationsschwäche verdoppelt hat? Offiziell ja. Denn Ritalin muss von einem Arzt verschrieben werden, der ADHS diagnostiziert hat und die Medikamentierung in der Regel auch mit einer Therapie verbindet.

Zum Thema Ritalin gibt es viele kritische Stimmen, so auch vom Neurobiologen Gerald Hüther, der in einem ZDF heute journal-Interview (29. Januar 2013) anmerkte:

> **„Das ist bequem für alle Beteiligten:**
> **Die Eltern sind froh, dass es ein angeblich**
> **genetisches Defizit ist, was die Kinder haben,**
> **die Ärzte sind froh, dass sie mit so einer**
> **einfachen Pille alles heilen können, die Lehrer**
> **sind froh, dass sie nicht dafür verantwortlich**
> **sind, und am Ende ist die Pharmaindustrie auch**
> **froh, dass sie damit so viel Geld verdient."**

Die negativen Aspekte der Einnahme sind zahlreich. Ähnlich wie bei vielen anderen pharmazeutischen Produkten wird auch durch Ritalin nicht die Ursache der Störung geheilt, sondern es werden lediglich Symptome gelindert. Der Wirkung des Medikaments stehen mögliche Wachstumsverzögerungen bei Kindern, häufig Appetitlosigkeit, Übelkeit, Bauchschmerzen, Erbrechen, Schlaflosigkeit, Schwindel, Herzrasen, Depressionen und viele anderen unerwünschten Nebenwirkungen entgegen. In der Drogenszene werden Medikamente gegen ADHS sogar als Ersatz für Amphetamine (z. B. Speed) gehandelt. Zudem deutet eine Studie vom *Academisch Medisch Centrum* in Amsterdam darauf hin, dass Ritalin Veränderungen bei der Hirnentwicklung von Heranwachsenden nach sich zieht.

Rechtfertigt die kurzfristige Linderung wirklich diese gravierenden gesundheitlichen Risiken?

Man kann sich in etwa vorstellen, wie gedemütigt sich Michael gefühlt haben musste, wenn die Schulkrankenschwester manchmal den Unterricht unterbrach, um ihn daran zu erinnern, sein Ritalin einzunehmen. Vor seinen Freunden wäre er am liebsten im Boden versunken, wie er später in seinem Buch *No Limits: The Will to Succeed* ausführte. Michael nahm das Medikament mehrere Jahre ein, erkannte aber nach und nach, dass Ritalin für ihn selbst nur eine Krücke sein könnte und er einen anderen Weg finden musste, um eigenständig sein Verhalten unter Kontrolle zu bekommen und sich im Klassenzimmer zu beherrschen. Entgegen den Ratschlägen seiner Mutter, der Ärzte und Lehrkräfte setzte er Ritalin ab. Doch wo sollte er nun hin mit all seiner Energie? Sein Gehirn und Körper schienen völlig außer seiner Kontrolle zu sein. Welche Möglichkeiten hatte er, um sie nach seinem Willen zu steuern? Oft liegen neue Wege und Lösungen so nahe, dass man sie nicht bemerkt. Wie sollte man auch? Wer auf Hilfe angewiesen ist, vertraut erst einmal auf Autoritäten. Doch Autoritäten waren auch seine älteren Schwestern Whitney und Hillary. Whitney war immerhin nationale Meister-Schwimmerin. Inspiriert durch die beiden begann Michael selbst mit dem Schwimmen und trat als 10-Jähriger in den *Baltimore Athletic Club* ein. Nach dem ersten Training fragte ihn sein Trainer Bob Bowman: *„Bist du müde?"*, woraufhin Michael entschieden antwortete: *„Ich werde nie müde."* Und er sollte recht behalten. Michael wollte das ADHS-Etikett unbedingt loswerden und auch seine Lehrer Lügen strafen – die seiner Mutter prophezeiten, der unkonzentrierte Michael würde in seinem Leben nie etwas erreichen.

Tatsächlich schaffte es Michael Phelps, an seinen Zielen festzuhalten und sich kontinuierlich zu neuen Höchstleistungen zu treiben. Bowman und seine Trainingsstrategien, aber

auch Phelps Ehrgeiz bescherten dem Schwimmer 28 olympi-
sche Medaillen (23 davon Gold), 33 Medaillen in Schwimm-
weltmeisterschaften (davon 26 Gold) und verschiedene Welt-
rekorde.

Phelps löste sich so nicht nur von den äußeren Zuschrei-
bungen und Vorurteilen seines Umfelds, er nutzte sein ADHS
sogar zu etwas Positivem. Damit steht er ganz in der Tradi-
tion Epiktets, der uns einiges über das Verhältnis zu Krankheiten und dem eigenen Körper lehrt.

Als freigelassener Diener des Kaisers Nero dürfte Epaphroditus so manche Grausamkeit am eigenen Leib erfahren haben. Leider gab er sie unmittelbar an seinen eigenen Sklaven – Epiktet – weiter, der darum heftige Misshandlungen zu
ertragen hatte. So wird erzählt, dass eines Tages Epaphroditus Epiktet einen harten Schlag auf den Schenkel gab. Dieser
sagte zu ihm: *„Du wirst mir das Bein zerschmettern!"*, woraufhin sein Herr die Härte seines Schlages verdoppelte und tatsächlich Epiktets Bein zerschlug. Angeblich soll Epiktet mit
der Fassung eines echten Stoikers und mit ruhiger, unverän-
derter Miene gesagt haben: *„Habe ich es dir nicht vorausge-
sagt?"* In der Folge soll ihn Epaphroditus freigelassen haben,
weil er resignierte und erkannt hatte, dass er diesen Sklaven
durch körperliche Züchtigung nicht erziehen konnte. Aus Erfahrungen wie diesen entwickelte Epiktet seinen Charakter
und später auch seine Philosophie, die er in einer eigenen
Schule sogar an die Herrschenden jener Zeit weitergab. Seine Meinung zu äußeren Hindernissen, zu denen er auch
Krankheiten zählte, war unmissverständlich:

**„Krankheit ist ein Hindernis des Körpers, aber nicht
des Willens, wenn er nicht selbst will. Lähmung ist
ein Hindernis des Fußes, aber nicht des Willens.**

**Und so denke bei allem, was dir begegnet;
denn du wirst finden, dass es wohl ein Hindernis
für etwas anderes ist, aber nicht für dich."**

Sagt diese Einstellung nicht alles zu Michael Phelps Umgang mit seiner neurologischen Störung? Er nahm es nicht hin, dass die Diagnose der Ärzte sein ganzes Leben bestimmen sollte. Auch wenn man den Körper oft nicht unter Kontrolle hat, so haben wir doch weiterhin Einfluss auf den eigenen Willen, der uns antreiben kann: *„Ich schaffe trotzdem, was ich mir vornehme!"* Michael Phelps, der bisher erfolgreichste Olympionike aller Zeiten, hat seine körperliche Beeinträchtigung kanalisiert und für sich genutzt, um zu Höchstleistungen zu gelangen. Doch auch andere Persönlichkeiten wie Stephen Hawking (ALS), Venus Williams (Fibromyalgie) und viele andere Menschen aus unserem Alltag zeigen uns, dass unser Willen stärker sein kann als der Körper. Das bedeutet nicht, dass wir uns mit unserem Körper in einen erbitterten Ringkampf begeben sollten.

In unserem Körper herrschen genetische Faktoren und Prozesse vor, die sich unserer Willenskraft vollständig entziehen. Von der Vorstellung, den Körper jemals vollkommen unter Kontrolle zu haben, sollte man sich aus diesem Grund verabschieden. Aber wir haben in der Hand, wie wir mit unseren körperlichen Voraussetzungen umgehen. Je eher wir lernen, über was wir Kontrolle ausüben können und was wir nicht kontrollieren können, desto eher gelangen wir zur inneren Freiheit.

VERACHTE NICHT DEN TOD, SONDERN BEFREUNDE DICH MIT IHM, DA AUCH ER EINES VON DEN DINGEN IST, DIE DIE NATUR WILL.

— MARCUS AURELIUS

BEFREUNDE DICH MIT DEM UNVERMEIDBAREN

Im Jahr 1979 machten sich die beiden US-amerikanischen Wissenschaftler Dr. Richard B. Mazess und Dr. Sylvia H. Forman – ein Radiologe und eine Anthropologin – auf die lange Reise nach Vilcabamba in Ecuador. Der kleine Ort auf 1.700 Meter Höhe stand in dem Ruf, das Geheimnis des ewigen oder zumindest sehr langen Lebens zu kennen. Journalisten berichteten bereits seit Jahrzehnten über das 4.200 Einwohner große Dorf, das immer mehr Reisende anzog, die von der Energie dieses Ortes profitieren wollten. Was die Menschen in Vilcabamba so alt (angeblich in vielen Fällen weit über 100 Jahre) werden ließ, hatten bereits viele zu ergründen versucht. Doch niemand hatte eine Antwort auf diese Frage gefunden. Manche behaupteten, die Luft wäre reich an negativen Ionen, andere sahen das Geheimnis im mineralreichen Wasser des Rio Yambala. Wieder andere zogen die kalorien- und fettarme Ernährung der Bewohner aus Mais, Yuca, Bohnen, Bananen und Getreide als Erklärung heran. Die Greise im Dorf konnten darüber nur schmunzeln:

„Gott hat einfach viel Spaß an uns."

Mit solch einer simplen Erklärung lassen sich Wissenschaftler natürlich nicht abspeisen, so auch Mazess und Forman nicht. Sie kamen nach Vilcabamba, um das Geheimnis des Tals der Hundertjährigen ein für alle Mal zu lüften. Wurden die Menschen hier wirklich älter als der Durchschnitt? Und wenn ja, welche Ursachen gab es dafür?

Der erste Schritt ihrer Studie bestand darin, das Alter der Senioren und Seniorinnen so genau wie möglich zu erfassen. Hierzu führten sie unter allen Bewohnern einen akribischen Zensus durch. Daraufhin wurden alle auffindbaren Dokumente wie Geburts-, Sterbe- und Heiratsregister genauestens untersucht und miteinander verglichen. Ihr Befund überraschte Mazess und Forman selbst wahrscheinlich am meisten: Die von ihnen zusammengetragenen Daten ließen erkennen, dass die persönlichen Altersangaben nicht mit den offiziellen Dokumenten übereinstimmten. Konkret ausgedrückt: Die Vilcabambenos, wie die Einwohner des Tals genannt werden, hatten systematisch übertrieben. So hatte ein Mann z. B. kurz vor seinem Tod angegeben, dass sein Alter 132 Jahre betrug, obwohl er in Wahrheit bloß 93 Jahre alt war. Um älter zu wirken, hatte er den Taufschein eines bereits verstorbenen Verwandten benutzt und als seinen eigenen ausgegeben. Doch die Rechnung ging nicht auf: Seine Mutter wäre dann nämlich erst 5 Jahre nach ihm auf die Welt gekommen. Auch die 23 anderen untersuchten über Hundertjährigen hatten übertrieben und wurden von den zwei Forschern entlarvt.

Mit diesem ernüchternden Ergebnis wäre der Fall Vilcabamba eigentlich abgeschlossen gewesen. Oder war der Mythos vom langen Leben doch noch nicht begraben? Fünfzehn Jahre nach den Forschungen waren zehn der untersuchten Menschen in Vilcabamba immer noch am Leben. Das bedeutete, dass es nun mindestens zwei Hundertjährige in einer Population von nur 1.000 Bewohnern gab. Galt Vilcabamba also doch zu Recht als Tal der Hundertjährigen?

Eine neue Perspektive auf das Phänomen bot die berühmte Journalistin Grace Halsell, die zwei Jahre in dem Dorf lebte. Doch anders als die Forscher vor ihr nahm sie in dieser Zeit den Lebensstil der Bewohner in Vilcabamba vollständig an. Sie ließ ihre Besitztümer zu Hause, aß nur das, was die Bewohner auch aßen, stieg die Hügel hoch, die diese Tag für Tag erklimmen mussten, und lebte in der Dorfgemeinschaft, um den gegenseitigen Umgang von *los viejos*, den Alten, am eigenen Leib zu erfahren. Nur auf diese Art glaubte sie nachvollziehen zu können, was in Vilcabamba wirklich vor sich ging.

Weit oben in den Bergen begegnete sie dabei einem 113 Jahre alten Mann namens Gabriel Sánchez, der sein ganzes Leben lang in und mit der Natur gelebt hatte und zu einem Teil von ihr geworden zu sein schien. Nie hatte er ein Büro von innen gesehen, nie war er von Mauern eingeschlossen. Jeden Tag stand er um 5 Uhr auf, um noch weiter nach oben zu steigen und auf einem Feld einer Hacienda zu arbeiten. Warum er das in diesem hohen Alter noch auf sich nahm?

> **„Ich würde mich schämen, wenn ich –**
> **die Arme zusammengefaltet –**
> **nur zu Hause sitzen und nichts tun würde."**

Ob aktiv zu bleiben und unermüdlich weiter seinen Gewohnheiten nachzugehen, ausschlaggebend für ein hohes Lebensalter ist, wird wohl weiterhin ein Geheimnis bleiben. Überraschen dürfte es allerdings nicht.

Viele Touristen, die nach Vilcabamba kamen, trieb die Angst vor dem Tod zu ihrem Besuch. Kaum ein Gedanke scheint dem Menschen so bedrohlich wie der an sein irdisches Ende. Zugleich kann unsere Vernunft den Tod gar nicht erfassen. Wie sollten wir uns auch ein Sein vorstellen, in dem es kein

Ich mehr gibt? Gerade weil der Tod etwas ist, das nicht zu greifen oder zu begreifen ist, untergräbt er die Sicherheit und die Geborgenheit, die sich der Mensch täglich hart erarbeitet. In unserem Alltag geht alles seine geregelten Bahnen. Wenn wir in unseren Kalender blicken, wissen wir, was uns morgen erwartet. Aber das wird nicht für immer so sein – wir alle sterben. Keiner kann sich dem Tod entziehen oder sich vor ihm verstecken. Der Tod macht jedem von uns einen Strich durch die Rechnung. Was heißt das aber für die Lebenden? Wir haben zwei verschiedene Möglichkeiten, um mit dem Tod umzugehen: Wir können versuchen, den Tod zu bekämpfen, sprich zu kontrollieren, oder wir können uns mit ihm anfreunden – und damit den Schrecken des Todes bekämpfen.

Den Tod selbst zu bekämpfen war schon immer reizvoll. Heute wird der Kampf unter anderem im Silicon Valley ausgetragen. Peter Thiel, einer der Gründer von PayPal und Investor in Facebook und viele andere Tech-Unternehmen, hat es sich zum Ziel gesetzt, der Menschheit den Tod vom Leib zu halten. Er und eine stetig wachsende Zahl an Tech-Unternehmern wollen Mittel und Wege für ein verlängertes Leben finden – vielleicht ja sogar für ein ewiges Leben. Unter diesen Unternehmern befinden sich auch die beiden Google-Gründer Larry Page und Sergey Brin. Letzterer erklärte, er wolle den „Tod heilen" und plane nicht, zu sterben. Um dieses Vorhaben umzusetzen, gründeten die beiden mit einer Milliardensumme das Unternehmen Calico (California Life Company). Das Start-up forscht an nichts Geringerem als an der Unsterblichkeit: Mithilfe von Gentechnik sollen Zellen nicht mehr sterben und Organismen nicht mehr altern. Dabei sollen algorithmische Formeln, die sich durch massive Datenmengen arbeiten, den Tod entschlüsseln und schließlich beseitigen.

Das Aufbegehren gegen den unberechenbaren Tod scheint besonders bei Menschen mit einem Faible für Rechenzentren beliebt zu sein. Der Gründer des US-Softwarekonzerns Larry Ellison ist sogar wütend auf den Tod: *„Er ergibt keinen Sinn für mich. Der Tod hat für mich nie Sinn ergeben. Wie kann eine Person da sein und dann einfach verschwinden?"* Den Traum der ewigen Jugend gibt es allerdings schon in der Antike. Heute dient Ambrosia, die Speise der Götter, die ihnen Unsterblichkeit garantiert, als Namensgeber für ein Unternehmen in Monterey. Dort wird untersucht, wie sich eine Bluttransfusion von Menschen im Alter zwischen 16 und 25 Jahren auf den Alterungsprozess älterer Menschen auswirkt. Kunden, wie besagter Peter Thiel, bezahlen monatlich 8.000 Euro an das kalifornische Start-up und erhalten dafür 2 Liter jugendliches Blut in den Körper.

Aber kann es wirklich unser Ziel sein, die einzelnen Elemente unseres Körpers immer wieder zu erneuern und mittels Gentechnik länger haltbar zu machen? Wie viele Genkuren und Modifizierungen wird es dauern, bis nichts mehr von uns existiert als eine fremde Frankenstein-Hülle? So wie unsere Falten, unsere Narben uns ausmachen, gehört auch das Altern selbst zu uns. Glätten wir all die Ecken und Kanten, was bleibt dann noch von uns? Wenn der Kampf mit dem Tod bedeutet, das unperfekte und sterbliche Wesen, das wir von Natur aus sind, durch all die Transformationen und Ersatzteile auszulöschen, sollten wir vielleicht darauf verzichten. Denn warum sollte sich der ganze Aufwand und das Gen-Gepfusche lohnen, wenn man wie beim natürlichen Tod am Ende nicht mehr da ist.

Die Natur wird sich etwas dabei gedacht haben, uns nicht ewig leben zu lassen.

Da sich der Tod für natürliche Lebewesen jedenfalls zurzeit nicht verhindern oder kontrollieren lässt, stellen sich andere Fragen: Wie kommen wir zu Lebzeiten am besten mit dem Tod zurecht? Können wir die unumkehrbare Tatsache, dass wir sterben werden, vielleicht sogar zu etwas Positivem nutzen?

Ein buddhistischer Mönch käme gar nicht erst auf den Gedanken, sein Leben mithilfe technologischer Mittel künstlich zu verlängern, weil er eine völlig andere Perspektive zu Leben und Tod einnimmt. Er fragt nicht: *„Wie kann ich möglichst lange auf diesem Planeten bleiben?"*, sondern: *„Wie kann ich mich in diesem Leben spirituell weiterentwickeln?"* oder *„Wie kann ich meine Seele für ihre Weiterreise möglichst rein halten?"*. Anerkennung durch andere Menschen, das Anhäufen von Besitztümern, Ruhm und Ehre – all dies sind Dinge, denen unsere Egos hinterherlaufen, die aber im Lichte des unvermeidlichen Sterbens irrelevant und sogar ein wenig primitiv erscheinen. Was wird in 200 Jahren noch davon übrig bleiben, dass wir in einem Streit auf unser Recht gepocht haben? Oder vom Prunk und der Dekadenz, die sich manche Menschen angesammelt haben? Wer wird sich noch an uns erinnern? Und wie lange werden diese Menschen noch leben?

Sich den Tod regelmäßig vor Augen zu führen hilft uns dabei, uns von unwichtigen Dingen zu befreien und den Blick wieder auf das Wesentliche unseres endlichen Lebens zu richten. Bei buddhistischen Bestattungen stehen die Hinterbliebenen zusammen beim Toten, rezitieren Sutras (überlieferte Reden des Buddha) und erinnern sich an positive Erfahrungen mit dem Verstorbenen. Geweint wird nicht, dies wird als Selbstmitleid empfunden und entspräche auch nicht dem buddhistischen Bild von Leben und Tod. In der buddhistischen Lehrrede von den Grundlagen der Achtsamkeit (Satipatthāna-Sutta) wird der Meditierende sogar daran erinnert, dass ihn selbst auch eines Tages die neun Stadien der Leichenzersetzung erwarten (von *„geschwollen, blau und eiternd"* bis *„auf verrottete Knochen reduziert und zu Staub geworden"*):

> **„Wiederum, ihr Bhikkhus, vergleicht ein Bhikkhu, als ob er eine Leiche sähe, die auf ein Leichenfeld geworfen wurde – von Krähen angefressen, von Habichten, Geiern, Hunden, Schakalen oder verschiedenen Arten von Würmern angefressen – so vergleicht er diesen seinen Körper damit: ‚Dieser mein Körper ist von derselben Natur, so wird er sein, er kann diesem Schicksal nicht entgehen.'"**

Apple-Gründer Steve Jobs, der mit 56 Jahren an Krebs verstarb, hatte eine völlig andere Sichtweise auf den Tod als die heutigen Unternehmer im Silicon Valley. Gar nicht ängstlich wie Peter Thiel oder wütend wie Larry Ellison war Jobs Buddhist und erklärte 2005 in seiner berühmten „Stay hungry"-Rede vor Absolventen der Stanford University, der Tod sei die beste Erfindung des Lebens. Der Tod räume das Alte weg, um Platz zu schaffen für das Neue:

> **„Die Erinnerung, dass ich bald tot sein könnte, ist das stärkste Mittel, das mir half, große Entscheidungen in meinem Leben zu treffen. Weil fast alles – fremde Erwartungen, der ganze Stolz, jede Angst vor Verlegenheit oder Scheitern – all das verschwindet einfach im Angesicht des Todes und lässt nur übrig, was wirklich wichtig ist.**

Die Erinnerung daran, dass man sterben wird, ist der beste Weg, den ich kenne, um der Vorstellung zu entgehen, dass man etwas zu verlieren hat. Man ist absolut nackt. Man hat keinen Grund, nicht seinem Herzen zu folgen."

Den Tod kontrollieren kann niemand. Einen positiven Umgang mit dem Thema aber können wir erlernen. Wie gehst du persönlich mit dem Tod um? Ist es für dich erstrebenswert, sehr lange oder gar für immer zu leben? Oder hast du dich mit deiner natürlichen Sterblichkeit bereits angefreundet? Wie auch immer deine Perspektive auf das Thema aussieht: Sie wird den Verlauf deines Lebens beeinflussen.

ZWEITER TEIL:
DAS INNERE

MAN VERSCHÜTTET DIR DEIN
BISSCHEN ÖL, MAN STIEHLT DIR DEIN
RESTCHEN WEIN. DENKE DABEI:
‚SO TEUER KAUFT MAN GELASSENHEIT,
SO TEUER GEMÜTSRUHE.‘
UMSONST BEKOMMT MAN NICHTS.

— EPIKTET

LASS DIE HASSER HASSEN

Auf der ganzen Welt hat sich in vielen Fußballstadien eine hässliche Kultur entwickelt, die sich äußerst hartnäckig hält: Kommt ein dunkelhäutiger Spieler an den Ball, wird er vom gegnerischen Fanblock nicht nur übel beleidigt. Auch Affenlaute sind immer wieder zu vernehmen und Bananen werden auf das Spielfeld geworfen. Rassisten haben die Popularität dieses Sports längst erkannt und nutzen ihn als Bühne für ihre menschenverachtenden Ansichten und Parolen.

Vorfälle dieser Art lassen sich viele aufzählen. Emmanuel Frimpong, ein ghanaisch-englischer Spieler für den russischen Erstligisten FK Ufa, wurde beispielsweise während des Spiels gegen Spartak Moskau vom Publikum andauernd lautstark durch Affengeschrei angepöbelt. Nach einer besonders üblen Attacke hatte er genug und antwortete den Faschisten in Form eines ausgestreckten Mittelfingers. Der Schiedsrichter gab ihm für diese Aktion die Rote Karte.

Auch der französisch-senegalesische Verteidiger des SSC Neapel Kalidou Koulibaly wird immer wieder Opfer von Rassismus. Während eines Spiels gegen Inter Mailand etwa drangen immer wieder Affenlaute aus den gegnerischen Zuschauerreihen. Neapel-Trainer Carlo Ancelotti war sehr darum bemüht, dieser Atmosphäre im Giuseppe-Meazza-Stadion entgegenzuwirken. Sein Wunsch, das Spiel zumindest zu unterbrechen, wurde von den Offiziellen auch nach dreimaligem Nachfragen jedoch nicht erfüllt. Bis auf Stadiondurchsagen, die das Unterlassen der Beleidigungen forderten, passierte nichts. Dass sich die „Fans" davon nicht beeindrucken ließen, dürfte die Anwesenden wohl kaum überrascht haben. Als Koulibaly schließlich in der 80. Minute ein taktisches Foul beging und ihm der Schiedsrichter hierfür zu Recht die Gelbe Karte zeigte, brodelte es bereits so sehr in ihm, dass er dem Schiedsrichter ironisch applaudierte. Seine Botschaft war deutlich: *„Bravo, hier wirst du tätig. Aber bei den Diskriminierungen der Zuschauer bleibst du untätig."* Sobald der Schiedsrichter die Geste bemerkte, reagiert er – und gab Koulibaly die Gelb-Rote Karte hinterher.

Der dritte und letzte Vorfall, der die Verzweiflung farbiger Spieler gegenüber rassistischen Anfeindungen zeigt, betrifft den Nigerianer Adebowale Ogungbure. Während der Partie beim Halleschen FC musste der Spieler des FC Sachsen Leipzig das ganze Spiel über Schmähungen aus den Zuschauerrängen ertragen. Nach Abpfiff des Spiels ließ Ogungbure seinen Emotionen freien Lauf, stellte sich vor die Haupttribüne und zeigte den Zuschauern den Hitlergruß. Auch hier war die Aussage dieser Geste eindeutig: *„Ihr verdammten Nazis!"* Daraufhin stürmten Zuschauer kurzerhand den Rasen, beleidigten den Spieler, spuckten ihn an, schlugen und würgten ihn. Als wären diese Szenen noch nicht beschämend genug, ermittelte im Anschluss die Staatsanwaltschaft gegen Ogungbure, weil er den Hitlergruß gezeigt hatte. Immerhin wurde das Verfahren gegen ihn aufgrund der Umstände fallen gelassen.

Auch wenn es absolut verständlich erscheint, dass die Spieler auf die menschenverachtenden Beleidigungen diese Reaktionen zeigten und es außer Frage steht, dass ein ganzes System aus Schiedsrichtern, Publikum und einem zu laschen Rechtssystem die Schuld an derartigen Eskalationen trägt, so stellt sich dennoch die Frage: Hätten die Spieler eine Reaktion zeigen können, die ihnen selbst nicht geschadet hätte und mehr bewirkt hätte?

Was geht in diesen Situationen in den diskriminierten Spielern vor?

Der dänische Philosoph Søren Kierkegaard stellte um die Mitte des 19. Jahrhunderts die Behauptung auf, dass derjenige, der verzweifelt, entweder er selbst oder ein anderer sein möchte. Verzweiflung ist nicht vernunftgesteuert, sie wird uns nicht vom Intellekt eingegeben. Sie ist eine Verfassung des Gemüts, eine Aufwallung der Psyche, die man im tiefsten Inneren erfährt und die uns gewaltsam erschüttert. In dem Moment, in dem sich Verzweiflung einstellt, sind Reflexion und Überlegung ausgeschaltet. Immanuel Kant und Baruch de Spinoza kommen beide zum Schluss, dass man das Geschehen im Moment der Verzweiflung nicht mehr mit Vernunft kontrollieren könne. Insbesondere im Hinblick auf das moralische Handeln sieht Kant hierin eine große Bedrohung, denn: Der Ausschluss der Vernunft bedeutet eine (Selbst-)Beraubung der inneren Freiheit. Damit ist auch Kants kategorischer Imperativ („*Handle nur nach derjenigen Maxime, durch die du zugleich wollen kannst, dass sie ein allgemeines Gesetz werde*") in Gefahr. Doch was wäre eine rettende Lösung für den Verzweifelten? Oder ist der Verzweifelte per se schon verloren?

Geht man dem etymologischen Ursprung des Wortes „Zweifel" nach, kommt man zur Bedeutung „zweifach". Ein Zweifler ist zweifachen Sinnes, er befindet sich in der Schwebe zwischen zwei Möglichkeiten, seine Entscheidung bleibt offen. Ihm ist klar: Jedes Ding hat zwei Seiten und jede Wahl will gut bedacht sein, etwas könnte schließlich auch anders sein, als es de facto ist oder zu sein scheint. Bereits im 3. Jahrhundert v. Chr. begründete Pyrrhon von Elis die Denkrichtung der Skeptiker, den Skeptizismus. Kern dieser Philosophie ist die Annahme, dass es stets auf die Perspektive ankommt, um ein Urteil für sich fällen zu können. Während ein Turm aus der Ferne rund erscheinen mag, ist er aus der Nähe betrachtet möglicherweise eckig und ganz und gar nicht rund. Die Skeptiker hinterfragten die Dinge jedoch nicht aus purer Lust am Zweifeln, sondern vielmehr, um das Ziel zu erreichen, das ihnen als das höchste galt: die *ataraxia*, die durch nichts zu erschütternde Seelenruhe. Wie sie zu erreichen ist? Indem man an allem, was als wahr gilt, zweifelt, alle Dogmen infrage stellt und sich mit seinem vorschnellen Urteil über die Dinge zurückhält.

Auch die Stoiker, die den Skeptikern in vielen Bereichen sehr nahestanden, strebten *ataraxia* an. Epiktet macht in seinem Handbüchlein der Moral einen Vorschlag, wie man mit ersten Eindrücken (*propatheia*) umgehen solle:

> **„Bemühe dich daher, jedem ärgerlichen Eindruck sofort entgegenzuhalten: ‚Du bist nur ein Eindruck, und ganz und gar nicht das, was du zu sein scheinst.' Dann prüfe und begutachte den Eindruck nach den Regeln, die du kennst, vor allem nach der ersten Regel, ob der Eindruck zu tun hat mit den Dingen, über die wir gebieten, und wenn er mit etwas zu tun hat, über das wir nicht gebieten, dann habe die Antwort zur Hand: ‚Es geht mich nichts an.'"**

Wenn sich jeder an diesen Grundsatz halten würde, würden wir sicher in einer friedlicheren und zufriedeneren Welt leben. Jeder, der sich schon einmal in seinem Alltag über etwas oder jemanden geärgert hat, weiß aber, wie schwierig diese Zurückhaltung ist. Der stoische Weise ist darum ein

Idealbild eines Menschen, bei dem selbst die Stoiker einräumen mussten, dass es fast unmöglich zu erreichen sei. Trotzdem bleibt es aber erstrebenswert.

> **„Sei wie ein Fels, an dem sich beständig
> die Wellen brechen: Er steht fest und dämpft
> die Wut der ihn umbrausenden Wogen."**
> — MARCUS AURELIUS

In der Praxis sieht das dann so aus: Beim Spiel des FC Villarreal gegen den FC Barcelona stand es in der 76. Minute 2:1 für Villarreal. Der dunkelhäutige Brasilianer Dani Alves von Barcelona legte sich gerade den Ball an der Eckfahne zurecht, als eine Banane neben ihm auf dem Rasen landete, die ihn offensichtlich beleidigen sollte. Wie hat Alves reagiert? Schrie er seinen Ärger in Richtung Publikum und schmiss die Banane zurück in die Menge? Oder verließ er resigniert das Spielfeld? Mitnichten.

Alves nahm kurzerhand die Banane vom Rasen, schälte sie, aß sie mit einem einzigen Bissen auf und trat den Eckball, um das Spiel fortzusetzen. Die Situation kommentierte er nach dem Spiel so:

> **„Ich weiß nicht, wer die Banane geworfen
> hat, aber ich möchte ihm danken.
> Er schenkte mir Energie für zwei weitere
> Ecken, die zu einem Tor führten."**

Hat sich Alves über die Beleidigung geärgert? Mag sein. In dieser Situation ließ er es aber nicht zu, dass der Hass der

Zuschauer dem Spiel und ihm selbst schadeten. Im Gegenteil: Er wandelte ihn für sich in etwas Positives um. Übrigens: Barcelona gewann das Spiel noch 3:2, der FC Villarreal wurde vom spanischen Fußballverband für den Bananen-Wurf seiner Fans mit einer 12.000 Euro-Strafe belegt und der Werfer erhielt ein lebenslanges Stadionverbot. Die Aktion löste weltweit Proteste gegen Rassismus aus, denen sich auch Politiker und Promis anschlossen, indem sie medienwirksam in Bananen bissen – ganz nach dem Motto:

#WeAreAllMonkeys!

Was also ist letztlich der Schlüssel, um nicht Opfer seiner eigenen Emotionen zu werden, um nicht unbedacht zu reagieren und es später vielleicht zu bereuen? Wie erhalten wir uns die innere Freiheit, die Kant als Grundlage moralischen Handelns ansah? Selbstschutz beginnt weit vor den Provokationen von außen. Da der Verzweifelte bereits zum Scheitern verurteilt ist und im Zustand der Verzweiflung unberechenbar wird, dürfen wir gar nicht erst in diesen Zustand gelangen. Stattdessen sollten wir versuchen, die Situation und unsere Reaktion darauf weiterhin anzuzweifeln. Nur so können wir abwägen, welche Handlung für uns auf Dauer förderlich ist. Diesen Zustand erreichen wir nicht ohne Weiteres, er muss trainiert werden. Auch Dani Alves wird sicherlich schon mal aus der Verzweiflung heraus gehandelt und unkontrollierbaren Affekten freien Lauf gelassen haben. Dieses Mal aber hat er die Situation für sich genutzt. Betrachten wir eine aufgeheizte Situation im Nachhinein, also nachdem der Nebel der Wut sich aufgelöst hat, können wir eine neue Perspektive einnehmen – und beim nächsten Mal vielleicht besonnener reagieren.

JEDES IDEAL ERZEUGT
EBENSOVIELE
HEILIGE WIE MÄRTYRER.

— FRANZ KAFKA

DAS IDEAL BIST DU

Die Nationalflaggen wurden unter dem tosenden Jubel der Zuschauer im ganzen Stadion gehisst und wehten im Wind. Sämtliche Länder der Erde waren vertreten. Doch eigentlich zählte nur eine einzige Nation, als der Großteil der Zuschauer von einem auf den anderen Moment den rechten Arm zum Hitlergruß ausstreckte. Auch die griechischen, italienischen, österreichischen, ja, selbst die französischen Sportler begrüßten den Reichskanzler beim Einlaufen ins Stadion auf diese Weise.

Hitler kam es gerade recht, die Olympiade 1936 ins Deutsche Reich nach Berlin geholt zu haben. Die beste Gelegenheit für die Nazis, um sich der Welt nach ihrer Machtergreifung standesgemäß als herrschende Rasse zu präsentieren und eine global beachtete Veranstaltung zur Propaganda der nationalsozialistischen Ideologie zu nutzen.

„Flink wie Windhunde, zäh wie Leder und hart wie Krupp-Stahl" – so stellte sich Adolf Hitler das Wesen des optimalen Ariers vor, der das Deutsche Reich zu Weltruhm führen sollte. Übermenschliche, nordische Helden mit strahlend heller Haut, blondem Haar, stahlblauen Augen, muskulös und vor Vitalität und Gesundheit nur so strotzend. Dieses Idealbild verkörperte für ihn die „Herrenrasse". Carl Ludwig „Luz" Hermann Long entsprach nach außen diesem Ideal. Blond, groß gewachsen und mit vitalem Körper trainierte er seit Kindestagen hart, um in der Leichtathletik – insbesondere im Weitsprung – Erfolge feiern zu können. Und erfolgreich war er: Seine ausgefeilten Sprungtechniken brachten ihm mit 20 Jahren den deutschen Meistertitel ein, 1933 führte er die Weltbestenliste an.

Am dritten Tag der Olympiade 1936 traf Luz Long auf seinen schärfsten Konkurrenten, den Afro-Amerikaner Jesse Owens. Owens hatte bereits am ersten Tag der Spiele eine Goldmedaille über den 100 Meter-Lauf gewonnen. Doch bei der Weitsprung-Qualifikation schien beim Rekordhalter Owens etwas schiefzulaufen: Er machte einen Fehler nach dem anderen und war nur noch einen Fehlsprung von der Disqualifikation entfernt. In diesem heiklen Moment nahm ihn sein deutscher Konkurrent Long zur Seite, sprach minutenlang auf ihn ein, fasste ihn freundschaftlich am Arm, erklärte, beriet, zeigte ihm am Absprung, was er besser machen könnte. Und tatsächlich: Owens schaffte den nächsten Sprung und qualifizierte sich für das Finale. Was sich dort abspielte, gehört zu den Höhepunkten der Sportgeschichte. Long legte zunächst mit einer Sprungweite von 7,54 Metern vor, die Jesse Owens mit 7,74 Metern deutlich übertraf. Als Long im nächsten Versuch 7,84 Meter erreichte, tobte das Stadion. Der Deutsche war in Führung! Doch nun war wieder Owens an der Reihe und übertraf Luz um 3 Zentimeter. Das Stadion bebte vor Anspannung bei diesem gigantischen Wettkampf auf Augenhöhe. Luz Long sprang ein drittes Mal: ebenfalls 7,87 Meter und zugleich ein neuer Europa-Rekord. Indem Owens daraufhin 7,94 Meter und danach sogar 8,06 Meter erreichte, war der Wettkampf entschieden. Der Amerikaner war Olympiasieger im Weitsprung. Trotz seiner deutlichen Niederlage, war Luz Long der Erste, der Owens zu dieser grandiosen Leistung beglückwünschte und ihn vor den 100.000 Zuschauern und vor den Augen Hitlers umarmte. Für diese Umarmung bekam Long später einen Verweis von höchster Stelle vom Reichsminister und stellvertretenden Parteileiter Rudolf Heß. Er solle gefälligst nie wieder einen Neger umarmen.

Welch harter Schlag ins Gesicht des Führers! Da hatte er sich solche Mühe gegeben und ein ausgeklügeltes Propaganda-Spektakel aufgesetzt, um der Welt sein Idealbild zu präsentieren und nun das! Ausgerechnet ein Schwarzer sahnte insgesamt vier Goldmedaillen ab, so viele wie kein anderer Athlet bei dieser Olympiade. Nachdem Owens beim Weitsprung seine zweite Medaille gewonnen hatte, erhob sich die im Stadion anwesende NS-Elite erbost von ihren Plätzen und verließ wütend das Stadion. Die Propaganda-Veranstaltung, die zum Ziel hatte, der Welt die vermeintliche Überlegenheit der weißen „Rasse" zu zeigen und für die körperliche Ertüchtigung im Hinblick auf den Einsatz deutscher Wehrmachtssoldaten werben sollte, war damit gehörig schiefgegangen.

„Die größte Revolution hat Deutschland erlebt durch die in diesem Lande zum ersten Mal planmäßig in Angriff genommene Volks- und damit Rassenhygiene. Die Folgen dieser deutschen Rassenpolitik werden entscheidender sein für die Zukunft unseres Volkes als die Auswirkungen aller anderen Gesetze. Denn sie schaffen den neuen Menschen."

Mit diesen Worten stellte Hitler trotz der Olympia-Pleite ein Jahr später bei seiner Reichsparteitagsrede in Nürnberg seine Idee vom „Neuen Menschen" vor. Die kruden Planungen liefen bereits auf Hochtouren: Die penible „Reinigung der nordischen Rasse und des deutschen Volkes" sowie die „Ausmerzung von Verunreinigungen und Krankheiten" waren dabei das offen kommunizierte Ziel. Nur wenn dies erreicht würde, so Hitler, könnte der „rassisch-saubere" Deutsche mit all seiner Kraft und harter Disziplin für die Volksgemeinschaft und Hitlers Vision eintreten. Im gleichen Zuge stellte er die Verbindung zwischen „Ariern" und „Nichtariern" unter Strafe und erklärte die „Treue zum deutschen Blut" zum Rechtsgut.

Die Nationalsozialisten ließen das deutsche Volk für ihre eigenen Zwecke – nämlich die Wehrhaftigkeit im Krieg sowie ihre menschenverachtende Ideologie – nach Fitness und körperlicher und genetischer „Reinheit" streben und schreckten auch vor pseudo-medizinischen Gen-Experimenten nicht zurück.

Der von ihm propagierten Rassenlehre zufolge wäre Adolf Hitler selbst allerdings ein „Untermensch" gewesen: klein gewachsen, dunkelhaarig und – wie der Historiker Henrik Eberle gemeinsam mit dem emeritierten Charité-Mediziner Hans-Joachim Neumann herausfand – körperlich sehr krank. In ihrem Buch *War Hitler krank?* bringen sie Licht in die vielen Gerüchte, die seit Ende des Zweiten Weltkrieges kursierten. Das Ergebnis ihrer Quellenforschung verbunden mit medizinischen Analysen: 82 verschiedene Medikamente soll Hitler während seiner Diktatur zu sich genommen haben, oft gespritzt durch seinen Leibarzt Theodor Morell.

Hitlers Beschwerden waren zahlreich: Heiserkeit durch das viele Schreien, Bluthochdruck, chronische Magen-Darm-Probleme, starke Blähungen, Gelbsucht sowie eine nach und nach immer stärkere Drogensucht machten Hitler zeitlebens zu schaffen. Er war also weit entfernt vom Idealbild, das er propagierte.

Ideale und Ideologien wurden seit jeher in Gesellschaften genutzt, um Macht über andere auszuüben. Insbesondere Körperideale spiegelten stets die Machtverhältnisse einer Gesellschaft wider. Man denke nur an das Füßebinden in China. Im Alter von fünf bis acht Jahren wurden chinesischen Mädchen gemäß einem Schönheitsideal aus dem 10. Jahrhundert die Füße gebrochen und abgebunden, sodass sie extrem deformierten und möglichst klein blieben. Das Resultat waren spitze, verkrüppelte Füße und eine dauerhafte Gehbehinderung. Die trippelnden, hilflosen Bewegungen sollten erotisch wirken und den Beschützerinstinkt der Männer wecken. Durch die beschränkte Bewegungsfähigkeit wurden die Frauen außerdem fülliger, was einem weiteren Schönheitsideal entsprach. Dass sie weite Strecken nicht mehr ohne fremde Hilfe gehen konnten, fesselte sie unweigerlich an ihren Haushalt. Damit waren sie ihren Männern ausgeliefert und hatten keine Möglichkeit, an der männlichen Herrschaft zu rütteln oder ihr zu entfliehen. Aus der Idee einer Palasttänzerin des Kaisers Li Houzhu (reg. 961–976), die sich für eine künstlerische Darbietung die Füße bandagiert hatte, wurde mit der Zeit ein Instrument der Unterdrückung. Da sich die chinesischen Frauen davor eine durchaus geachtete Position innerhalb der Familienstrukturen erarbeitet hatten, kam das Füßebinden patriarchalen Kräften dieser Zeit gerade recht.

In den heutigen demokratischen Systemen werden Ideale selbstverständlich nicht mehr von den Machthabenden diktiert. Richtig? Falsch! Zwar bestimmen heute nicht mehr Kaiser und Könige, was wir anzustreben haben. Aber ein großer Teil der Macht hat sich von der Politik hin zur Wirtschaft verschoben, von der wir natürlich weiterhin – wenn nicht sogar noch penetranter – in Form von Werbung Ideale eingepflanzt bekommen.

Unendlich weites Land. Freiheit verheißende Landschaften. Vor Kraft strotzende, muskulöse Hengste, die durch die

Täler und Schluchten jagen. Jung, dynamisch und frei von jeglichen Zwängen. Nur ein richtiger Mann kann sie zähmen, ein echter Cowboy, ein Macher. Wann ist ein Mann ein Mann? Wann fühlt er sich frei und unabhängig? Klar, in dem Moment, wenn er seine Arbeit erledigt hat und sich entspannt eine Marlboro-Zigarette anstecken kann. In den 1970ern verlieh Wayne McLaren einer der bekanntesten Markenfiguren aller Zeiten das Gesicht: dem Marlboro Man. Mit seinen kantigen, maskulinen Gesichtszügen und dem scharfen Blick verkörperte er alles, was andere Männer und jene, die zu echten Männern werden wollten, anzustreben hatten. Wer Marlboro rauchte, der kam diesem Ideal – so das Werbeversprechen – ein kleines Stückchen näher. Doch McLaren bekam am eigenen Leib zu spüren, wie ideal das Bild wirklich war, das er in der Werbung darstellte. Täglich rauchte er anderthalb Schachteln und erkrankte 1990 an Lungenkrebs. 1992 stellte er auf der Aktionärsversammlung seines ehemaligen Arbeitgebers Philip Morris den Antrag, Zigarettenwerbung einzuschränken, da diese insbesondere junge Menschen verführe. Der Antrag wurde abgelehnt. Drei Monate später verstarb der einstige Marlboro Man mit nur 52 Jahren an den Folgen des Konsums dessen, wofür er selbst Werbung gemacht hatte.

Die Ideale sind durch die Werbung deutlich zahlreicher geworden. Denn jedes Unternehmen versucht, Ideale nach den eigenen Vorstellungen zu definieren und in die Köpfe der Menschen zu pressen. Dabei kommt es mitunter zu faszinierenden Doppelrollen: In *Germany's Next Topmodel* drillt Heidi Klum junge, unsichere Mädchen zur vermeintlich idealen Figur, indem sie ihnen von ungesunden Speisen abrät, und in der Werbepause macht sie für ein üppiges Honorar Reklame für fettige und überzuckerte Burger. Einen größeren und zudem schädlicheren Widerspruch kann eine so populäre Figur wie Klum wohl kaum erzeugen. In einer Konsumgesellschaft wie der unseren werden solche Ambivalenzen nicht aufgelöst. Vielmehr dienen sie als „nachhaltiges" Konzept einer ganzen Industrie: verfetten, wieder fit werden, verfetten, wieder fit werden, verfetten, wieder fit werden. Und in jedem neuen Zyklus wird wieder ordentlich konsumiert. Dadurch gewinnen alle: Die Fastfood-Industrie, Abnehm-Coaches, die Pharma-Industrie, Werbeagenturen und Ärzte. Selbsthass ist eben ein gut geölter Wirtschaftsmotor. Nur die „Mädchen" selbst gehen selten als Gewinnerinnen hervor. Es kann eben doch nur eine geben.

Von außen wird uns eingeredet, dass wir dazugehören können und uns nicht mit unserem Schicksal abzufinden brauchen. Alles, was wir für unser Glück angeblich tun müssen, ist Ratgeber, Kleidung, Make-up, Schönheits-OPs oder Nahrungsergänzungsmittel zu konsumieren. Idealbilder nutzen denen, die sie erschaffen – und deren Motive sind selten wohlwollend. Auf der anderen Seite leiden jene darunter, die sich dazu verleiten lassen, diese Ideale anzunehmen und nach den Standards anderer zu leben. Selbst wer so ein Idealbild erreicht, wird sich immer fragen, ob da nicht noch mehr geht. Dieses Gefühl der Unvollkommenheit entsteht aus der Tatsache, dass es nun einmal ein fremdes Selbstbild ist, das man sich überstülpt. Das kann nicht funktionieren.

Aber woher nehmen sich einzelne Personen oder Gruppen eigentlich das Recht, einen vermeintlich idealen Standard für alle anderen zu definieren? Wer verleiht ihnen die Macht, „Andersartige" zu verurteilen, zu diffamieren und mit dem Finger auf sie zu zeigen?

Immer wieder aufs Neue müssen wir uns auch selbst hinterfragen, was wir als normal betrachten, und Respekt zeigen vor dem, das von der sogenannten Norm abweicht. Trends und Moden kommen und gehen.

Natürlich existieren auch positive Ideale, die uns inspirieren und in ungeahnte Höhen katapultieren können. Vorbilder sind wichtig, insbesondere für Kinder und Jugendliche, die erst ihren Platz und ihre Rolle in der Welt finden müssen.

Doch wie weit möchten wir gehen? Wohin führt uns das Bild, dem wir folgen, wirklich? Was macht es mit unserer Persönlichkeit? Diesen Grad, bis zu dem wir ein Ideal annehmen wollen, müssen wir stets im Auge behalten. Das Einzige, das wir selbst in der Hand haben und gut vor äußerem Einfluss beschützen sollten, ist das Ideal, das wir für uns selbst definieren.

DIE SCHLIMMSTE ENTSCHEIDUNG IST UNENTSCHLOSSENHEIT.

— BENJAMIN FRANKLIN

IMMER EINEN FUß AM BODEN

Nachdem sie den Dokumentationsfilm mit den schlimmen Bildern gesehen hatte, war Greta am Boden zerstört. Kraftlos und unfähig, das Nötigste in ihrem Alltag zu erledigen. Diese gewaltige Misshandlung der Natur und die armen Tiere, deren Lebensräume zerstört werden. Alles sinnlos. Zwei Monate lang aß sie fast nichts, hörte auf zu sprechen und ging wegen ihres gesundheitlichen Zustandes nicht zur Schule. Das 11-jährige Mädchen schlitterte ungebremst in eine Depression. Diese beunruhigende und frustrierende Situation würde wohl jede Familie in einen Ausnahmezustand versetzen. Gretas Eltern, Malena Ernman und Svante Thunberg, schränkten sich darum beruflich stark ein und nahmen sich Zeit, um für ihre Tochter da zu sein. Damit sie der Ursache für Gretas Verhalten auf die Spur kommen konnten, durchliefen sie einen Marathon durch sämtliche Arztpraxen und Krankenhäuser. Die Schulpsychologin äußerte eine schockierende Vermutung: Asperger-Syndrom mit perfektionistischem Anspruch. Greta sollte autistisch sein? Weitere Untersuchungen, Gespräche und Beratungen folgten unter vielen Tränen der Eltern, die mit ansehen mussten, wie ihr Kind weiterhin verweigerte, richtig zu essen und wieder zu Kräften zu kommen. Greta war so geschwächt, dass sie nicht einmal mehr allein Treppen hochgehen konnte. Nach einem weiteren Krankenhausbesuch, bei dem die Ärztin ankündigte, man müsse Greta in Kürze stationär aufnehmen und sie über Schläuche und Infusionen künstlich ernähren, entschied sich das Mädchen dazu, wieder normal zu essen. In kleinen Schritten gelang ihr das auch. Bald konnte sie wieder allein laufen.

Allerdings sollte sich die Vermutung der Schulpsychologin schließlich bestätigen: Bei Greta wurde Asperger diagnostiziert.

So konnte sie zwar wieder zur Schule gehen, aber sie musste jeden Tag kämpfen: Allein, ohne Freunde, wurde sie von den anderen Schülerinnen und Schülern gemobbt, ausgelacht und verhöhnt. Als sich Gretas Eltern bei der Schule darüber beschwerten, schob die Leitung die Schuld auf Greta – mit der Begründung, sie hätte sich den anderen gegenüber merkwürdig verhalten.

Umstände wie diese hat wohl niemand ganz unter Kontrolle. Eltern und Kinder sind ihnen erst einmal ausgeliefert und müssen das Beste daraus machen.

Noch mehr entfernte sich Greta von ihrer Klasse, als die Schülerinnen und Schüler ein Video vorgespielt bekamen, das die Verschmutzung der Weltmeere zeigte: Vor der Küste von Chile trieb und treibt eine Insel aus Plastikmüll so groß wie Mexiko im Pazifik. Greta fing während des Films an zu weinen. Zwar ließ der Film auch die anderen Kinder der Klasse nicht kalt, aber sie konnten trotzdem nach der Schulstunde weitermachen, lachen, spielen, als wäre nichts geschehen. Nur Greta konnte das nicht. Ihr wurde schmerzhaft vor Augen geführt, dass wir Menschen allein dafür verantwortlich sind, dass sich das Klima derart aufheizt, dass in naher Zukunft alles Leben auf dieser Erde in Gefahr war. Wie hätte sie da einfach weiterleben können, als wäre nichts geschehen? Niemand schien sich für diese düsteren Zukunftsaussichten zu interessieren, keiner schien eine Grenze zu ziehen und endlich etwas dagegen zu unternehmen. Konnten die politischen und wirtschaftlichen Entscheider dieser Erde nicht endlich beschließen, diesen Horrorfilm zu beenden? Was war nur los mit den Menschen und was hinderte sie daran, Entscheidungen zu treffen, die im Sinne aller Lebewesen auf diesem Planeten waren?

Jeff Wise, ein amerikanischer Journalist, veröffentlichte 2011 einen Artikel in *Psychology Today* mit dem Titel *MIND TRAPS: The fatal mistake hanging too long.* Hier machte er auf genau diese gefährliche Situation aufmerksam, in der eine kleine Fehleinschätzung zu einer heftigen Krise führen kann, die ab einem bestimmten Zeitpunkt unabwendbar ist. Wise nutzte zur Veranschaulichung ein Beispiel aus der Luftfahrt: Wenn eine Boden-Crew eines Heißluftballons den Ballon zum Abflug bereit macht, muss sie den Korb festhalten, um den Ballon nicht zu früh hochsteigen zu lassen. Hierzu halten alle den Korb mit beiden Händen an dessen Rändern fest und stellen einen Fuß in eine sichere Stellung auf den Boden. Die heilige Regel beim Ballon-Handling lautet nämlich:

Behalte immer einen Fuß am Boden.

Beachtet man diese einfache Regel nicht, kann es schnell passieren, dass der Korb abhebt und man selbst mit. Gedanken wie *„Ach, mein Gewicht wird den Korb schon wieder zum Absenken bringen und ich komme zurück auf den Boden"* erweisen sich schnell als Fehleinschätzung. Ehe man sich versieht, fliegt der Ballon 5 Meter hoch in der Luft. Und jedes Zögern bringt einen weiter hinauf. Schon ist man auf 10 Metern Höhe, dann auf 20 Metern und ein Sprung lebensgefährlich. Das alles nur, weil man im richtigen Moment nicht einen Fuß auf dem Boden behalten hat.

Wie dieses Prinzip praktisch angewandt werden kann, demonstrierte Ruby Walsh – einer der besten englischen Jockeys Englands – beim Cheltenham Gold Cup im Jahre 2012. Beim jährlich im März stattfindenden Hindernislauf mit 22 Zäunen und einer Distanz von 3 Meilen trat Walsh mit seinem Pferd *Kauto Star* als Favorit an: *Kauto Star* hatte das Rennen bis dahin bereits 2007 und 2009 gewonnen und seine Rekordbilanz von 23 Siegen in 40 Rennen ließ Tausende Renn- und Wettbegeisterte an die Strecke pilgern. Jeder Zuschauer wusste: Dieses Rennen würde wahrscheinlich das letzte vom damals 12-jährigen *Kauto Star* sein. Gewann er es, würde er seinen Status als das wohl beste Springpferd aller Zeiten für viele Jahre zementieren. Dieses Ereignis wollte sich natürlich niemand entgehen lassen.

Die Statistik sprach allerdings gegen einen Sieg: Nur zwei Pferde in seinem Alter hatten den Cheltenham Gold Cup während seines 88-jährigen Bestehens gewinnen können – das letzte im Jahr 1969. Laut der *British Horseracing Authority*, der britischen Regulierungsbehörde für Pferderennen, liegt das Risiko eines Pferdes, bei einem dieser strapaziösen Rennen zu sterben, bei immerhin 4/1.000 – tatsächlich endet das Leben der meisten Rennpferde vor ihrem fünften Lebensjahr. Besonders die Beine der Pferde sind gefährdet: Während eines Rennens muss ein Pferd sein drei- bis zehnfaches eigenes Gewicht stemmen. Die Folgen sind nicht selten schwer behandelbare Frakturen, abgestorbenes Gewebe und Infektionen.

Wie aber erging es *Kauto Star*? Das Rennen startete nicht schlecht, er fand sich teilweise sogar im Spitzenfeld. Doch nach der neunten Hürde passierte es: Jockey Walsh drehte sein Pferd aus dem Feld, ritt es zum Zielbereich und entsattelte es. Aufgegeben.

All die hohen Erwartungen an *Kauto Star* (ganz zu schweigen von den hohen Wetteinsätzen) schoss er in diesem Moment einfach in den Wind. Ein Traum war zerplatzt und damit die Sehnsucht vieler Menschen, es mit eigenen Augen zu erleben, wie ein Rekord für die Ewigkeit aufgestellt würde. Was war passiert? Warum brach Ruby Walsh seine Teilnahme am Rennen ab? Im Nachgang des Rennens gab er als Grund an, *Kauto Star*s Anstrengung wäre im Laufe des Rennens ungewöhnlich stark zu spüren gewesen. Walsh hatte Angst, dass sich sein Pferd eine schwere Verletzung zuziehen könnte.

Sein Entschluss demonstriert genau das Ein-Fuß-auf-dem-Boden-Prinzip: Walsh hätte auch entscheiden können, erst einmal weiterzumachen und darauf zu hoffen, dass sich *Kauto Star* beruhigt und das Rennen unverletzt übersteht. Vielleicht wäre das noch eine Hürde lang gut gegangen oder zwei. Aber hätte das Pferd auch das darauffolgende Hindernis gemeistert oder wäre es zum tödlichen Sturz gekommen? Wir werden es nie erfahren. Walsh hatte aber offensichtlich bereits vor dem Rennen einen Entschluss gefasst: nämlich dass er seine Teilnahme abbrechen würde, wenn er bemerken sollte, dass sich *Kauto Star* beim Rennen ungewohnt stark anstrengen musste.

Der Gewinner dieses Rennens war übrigens ein 9-jähriger englischer Vollblüter namens *Synchronised*. Da er nur wenige Wochen nach seinem Sieg in Cheltenham an den Folgen eines Sturzes an einer Hürde starb, unterstrich er auf traurige Weise den richtigen Entschluss von Ruby Walsh.

Lebte Greta das Ein-Fuß-auf-dem-Boden-Prinzip? Wenn einem als junger Mensch plötzlich der Boden unter den Füßen weggezogen wird, käme wohl jeder ins Straucheln. Denn dann fehlt jegliches Fundament. Aber wie sieht es mit den politischen Entscheidern der Welt aus? Hätten sie nicht die Verantwortung, mit einem Fuß am Boden die Zukunft der Erde zu sichern? Doch hängen sie nicht schon einige Meter in der Luft und haben die Kontrolle verloren?

Gretas eigenes, bislang kurzes Leben war zunächst völlig außer Kontrolle: die Essstörung, die Depression, die Diagnose Asperger-Syndrom, Mobbing in der Schule und jetzt noch Müllinseln, die durch die Weltmeere schipperten, Eisbären, deren Lebensraum unaufhörlich zerstört wurde, und CO_2-Werte, die keine Regierung ins Schwitzen zu bringen schienen. Bis die junge Schwedin genug davon hatte. Sie hatte endgültig genug davon, sich ihrem Schicksal ergeben zu müssen. Alles ertragen zu müssen, was andere für sie entschieden.

Also traf Greta eine Entscheidung: Wenn sich niemand im Schwedischen Reichstag dafür zu interessieren schien, dass diese Welt und damit auch Greta keine Zukunft haben würde, dann wäre es doch nur konsequent, wenn sie ihre Zukunft selbst in die Hand nahm. Denn wenn sie weiter brav zur Schule ging und alles so weiterlaufen würde wie bisher, hätten Greta und alle anderen Kinder überhaupt keine Zukunft.

Am 20. August 2018, dem ersten Schultag nach den Ferien, setzte sich Greta darum in ihrem blauen Kapuzenpulli vor den Schwedischen Reichstag in Stockholm, ausgerüstet mit ihrem selbst gebastelten Schild, auf dem *„Skolstrejk för klimatet"* (dt.: Schulstreik für das Klima) stand. Sie war völlig allein: keine Institution, kein Verein, keine Partei stand hinter ihr, um sie zu unterstützen. Doch das brauchte Greta auch gar nicht, denn überhaupt etwas zu tun und damit wieder die Kontrolle über ihr Leben zu übernehmen, war allemal befriedigender für sie, als sich wie der Rest der Welt einfach treiben zu lassen. Ihre Aktion zeigte sehr schnell Wirkung: Bereits am nächsten Tag war sie auf der Titelseite der Stockholmer Regionalausgabe der Zeitung *Dagens Nyheter* abgebildet. Auch andere Medien schlossen sich bald an und berichteten von Gretas Protest. Bis zur Wahl des Reichstages im September 2018 demonstrierte Greta täglich, danach nur noch freitags. Ein paar Monate später war sie nicht mehr allein: Erst in Schweden, später in Australien, Dänemark, Belgien, Frankreich und Finnland schlossen sich immer mehr Schülerinnen und Schüler ihrem Protest gegen die Untätigkeit der Mächtigen an. Die Bewegung *Fridays for Future* war geboren. Bis heute protestieren weltweit Millionen von Kinder und Jugendliche – mittlerweile aber auch viele Erwachsene – dafür, dass das 2015 auf der Weltklimakonferenz in Paris vereinbarte Ziel eines maximalen Temperaturanstiegs von 1,5 Grad Celsius von den 197 unterzeichnenden Staaten eingehalten wird und alle dazu nötigen Maßnahmen eingeleitet werden. UN-Klimakonferenz in Katowice. Weltwirtschaftsforum in Davos. Europäischer Wirtschafts- und Sozialausschuss in Brüssel. UN-Klimagipfel in New York City. Papstaudienz in Rom. Greta hat ihren Protest längst von der Straße in die entscheidenden Gremien und Machtzentren transportiert und wird von den Politikern dieser Erde angehört.

In unserem Leben begegnen uns immer wieder Geschehnisse, die wir nur sehr schwer ertragen können – ohne selbst etwas Entscheidendes zum Ausgang beitragen zu können. Krankheit. Ungerechtigkeit. Harte Schicksalsschläge. Doch wenn wir bei einer großen Herausforderung erkennen, dass wir auch nur die kleinste Chance haben, sie zum Guten hin beeinflussen zu können, dann müssen wir die Entscheidung dafür aktiv und mit allen Konsequenzen treffen. Gerade in Situationen, in denen wir keinerlei Kontrolle zu haben scheinen, sollten wir uns dafür einsetzen, sie zurückzubekommen. Indem wir uns entscheiden, wie unser ganz persönlicher Umgang mit den Gegebenheiten aussehen soll, erobern wir sie Schritt für Schritt zurück. Auf diese Weise schaffen wir es, vom passiven Spielball des Schicksals zum aktiven Mitgestalter zu werden. So wie Greta dafür kämpft, irgendwann wieder einen Fuß auf dem Boden zu haben.

DER GEIST IST ALLES;
WAS DU DENKST, DAS WIRST DU.

— Buddha

BEHERRSCHE DEINEN GEIST

„Now Clay swings with a right, what a beautiful swing / And the punch raises the Bear clear out of the ring / Liston is still rising, and the ref wears a frown / For he can't start counting 'til Sonny comes down / Now Liston disappears from view."

„Joe's gonna come out smokin' / But I ain't gonna be jokin'. / This might shock and amaze ya / But I'm going to destroy Joe Frazier."

„You think the world was shocked when Nixon resigned? / Wait 'til I whup George Foreman's behind. / Float like a butterfly, sting like a bee. / His hand can't hit what his eyes can't see."

Diese poetischen Zeilen stammen vom legendären Muhammad Ali, dem größten Boxer aller Zeiten. Und er bezweckte mit ihnen ein ganz bestimmtes Ziel: Indem er sie vor seinen Kämpfen gegen Sonny Liston, Joe Frazier und George Foreman in die TV-Kameras und damit in die Köpfe seiner Gegner sprach, motivierte er nicht nur sich selbst, sondern beeinflusste vor allem seine Gegner. Denn die Reime schüchterten seine Kontrahenten ein und konditionierten sie im Sinne Alis. Wie funktioniert so eine Konditionierung?

Repetitio mater studiorum est – Wiederholung ist die Mutter des Lernens. Diese sehr alte Weisheit wurde wissenschaftlich durch den russischen Mediziner und Nobelreisträger Iwan Petrowitsch Pawlow nachgewiesen. Ausgehend von seinen physiologischen Studien entwickelte er ein Forschungsprojekt, das heute unter dem schlichten Namen *Pawlow'scher Hund* bekannt ist und das die klassische Konditionierung beschreibt. Dabei beobachtete er, dass Zwingerhunde bereits Speichelfluss entwickeln, wenn sie die Schritte ihres Wärters hören – obwohl noch gar kein Futter in Sicht ist. Das Geräusch wird also direkt mit der Fütterung assoziiert und löst dieselbe physiologische Reaktion wie beim Erblicken von Futter aus. Diese Konditionierung durch Geräusche wies Pawlow später noch einmal mit einer Glocke als Reiz nach.

> **„I got speed and endurance. /
> You'd better increase your insurance."**

Muhammad Ali machte sich eine ähnliche Methode zunutze: Er wusste genau, dass die Fernseh- und Radiosender alles aufschnappen und vor allem wiederholen würden, was er ihnen an Show bot. So wurde auf allen Kanälen sein geschickt konzipierter Reim mit genau jenem Ziel gesendet, das er sich für den Ausgang des Kampfes wünschte. In vielen Fällen prophezeite er sogar noch, in welcher Runde er seine Gegner auf die Bretter schicken würde. Wenn dann die Glocke zur entscheidenden Runde erklang, kamen alle Zutaten zusammen, die für eine perfekte Konditionierung nach Pawlow gegeben sein müssen: die Emotion (in diesem Fall Furcht) und das Geräusch, das damit verbunden wird. Damit hatte Ali einen entscheidenden Vorteil im Kampf. Aber sind wir solchen Manipulationen hilflos ausgeliefert, oder gibt es Mittel und Wege, sich gegen fremden Einfluss zu wehren?

Einer, der sich mit der Kontrolle des Geistes auskannte, war der Bürgerrechtler Nelson Mandela. In seinem radikalen Kampf gegen die in Südafrika herrschende Apartheid und für die Rechte der schwarzen Bevölkerung wurde Mandela nach einem Anschlag wegen „Verschwörung zum bewaffneten Umsturz" zu einer lebenslangen Haftstrafe verurteilt. Dort wurde er von weißen Wärtern jahrzehntelang wie ein Tier behandelt, bespuckt und misshandelt. Nicht einmal die Beerdigung seiner Mutter und seines ältesten Sohnes durfte er besuchen. Trotzdem brach ihn diese Zeit nicht. Im Gegenteil: Ganze 27 Jahre lang ertrug er rassistische, menschenverachtende Demütigungen und stand am Tag seiner Freilassung in großer Seelenruhe vor 120.000 Menschen im Stadion von Soweto in Johannesburg. Dort sprach er nicht etwa von Vergeltung und Wut auf die herrschenden Verhältnisse, sondern von Brüderlichkeit und Versöhnung. Wie war das möglich? Wie konnte er so lange Zeit seinen Geist vor dem hässlichen Gefängnisalltag und der würdelosen Behandlung rein halten? Wie konnte er Hass und Rachegelüste an sich abperlen lassen?

Mandela meditierte im Gefängnis, er lernte neue Sprachen, studierte für sein juristisches Examen und las unzählige Bücher. Darunter auch die *Selbstbetrachtungen* des Stoikers und römischen Kaisers Marcus Aurelius sowie die *Bhagavadgita*, eine der zentralen Schriften des Hinduismus. Letztere empfahl ihm ein Mitinsasse, ein Rechtsanwalt indischer Abstammung. Da die Häftlinge von früh bis spät mit stumpfsinniger Arbeit beschäftigt wurden, um ihren Geist zu brechen, schlug der indische Anwalt vor, sich gegenseitig Verse der *Bhagavadgita* vorzusprechen und auswendig zu lernen, um ihre Gehirne aktiv zu halten. Zudem diskutierten sie über die Bedeutung der Verse. Auf diesem Weg fütterte Mandela seinen

Geist mit positiven Gedanken und ließ sich nicht durch den täglichen Hass der Wärter beeinflussen. Wie einen Garten, so pflegte er seinen Geist. Auch wenn sicherlich – wie in jedem anderen Garten – vereinzelt Unkraut keimte: Solange die Blumen die Oberhand behielten, erblühte und gedieh er.

Nicht jeder von uns hat die Willensstärke, Disteln oder Brennnesseln jeden Tag fernzuhalten. Was aber können wir tun, wenn unser Garten von negativen Einflüssen zugewuchert wird? Dann heißt es Ärmel hochkrempeln. Je mehr Unkraut wir herausreißen, desto einfacher wird es uns fallen, neue Blumen zu säen. Denn ein Garten ohne Unkraut ist noch kein Garten. Erst wenn wir positive Gedanken, Werte und Ziele hineinpflanzen, können sie und wir später erblühen. Auch sie brauchen Zeit zum Wachsen. Säen, gießen, pflücken, säen, gießen pflücken: Wiederholung ist die Mutter allen Lernens und Wachsens.

Gerade in Zeiten von Social Media, Fake News und digitalen Medien sind unsere Gehirne dauerhaft unzähligen Einflüssen ausgesetzt. Aus diesem Grund müssen wir besonders gut aufpassen, was wir hineinlassen, glauben und denken möchten – damit wir uns an einem wunderschön blühenden Garten erfreuen können.

HALTE DEINE FÄHIGKEIT IN EHREN,
DIR EIN EIGENES URTEIL ZU BILDEN,
DENN IN DIESER FÄHIGKEIT LIEGT
ALLES BESCHLOSSEN!

— Marcus Aurelius

WISSE, DASS DU NICHTS WEIßT

Im Mai 1925 fand der neureiche Pariser Schrotthändler André Poisson einen höchst formell anmutenden Brief in seinem Briefkasten. Tatsächlich stammte der Brief vom stellvertretenden Generaldirektor des *Ministére des Postes et Télégraphes*. Dieser lud ihn mit dem Schreiben in das noble Pariser Hôtel de Crillon[2] ein – mit einem vagen Hinweis auf eine einzigartige Möglichkeit. Poisson witterte seine Chance: Endlich ging es in seiner Karriere voran und er stieg gesellschaftlich auf. Hinter der Einladung steckte bestimmt ein großer Auftrag, der ihm mehr Ansehen in Paris versprach. So fand sich Poisson selbstverständlich pünktlich in der Hotel-Suite ein, wo ihn der stellvertretende Generaldirektor und dessen Assistent in staatsmännischer Manier empfingen. Zum großen Erstaunen von Poisson waren allerdings auch vier andere Schrotthändler anwesend. Was konnte das bedeuten? Nachdem die Herren mit einem köstlichen Abendessen und gutem Wein verköstigt worden waren, kam der Gastgeber zur Sache:

**„Die Regierung hat beschlossen,
den Eiffelturm abzureißen und die daraus
frei werdenden 7.000 Tonnen Metall an
den Meistbietenden zu verkaufen."**

---

2   Vor dem Hotel, dem früheren Stadtpalais, wurde der letzte König Frankreichs Ludwig XVI. 1793 durch die Guillotine hingerichtet. Ein Zimmer kostet heute mindestens 1.000 Euro pro Nacht.

Er erinnerte die Händler daran, dass der Eiffelturm ursprünglich ohnehin bloß als Attraktion für die Weltausstellung gedacht und niemals dauerhaft als Wahrzeichen der Stadt dienen sollte.

> **„Alexander Dumas nannte den Eiffelturm einst eine ‚widerliche Konstruktion'."**

Während die Händler dem Vortrag aufmerksam lauschten, fuhr der stellvertretende Generaldirektor in resigniertem Ton fort:

> **„Die Kosten für die Wartung des Turms sind einfach zu hoch. Und die Entscheidung, ihn abreißen zu lassen, war höchst umstritten – weswegen ich Sie um absolute Diskretion bitten möchte."**

Für Schrotthändler Poisson leuchtete das alles ein. Die Stadt hatte den Eiffelturm satt und wollte den Abriss nun möglichst ohne Trubel über die Bühne bekommen. Dabei konnten die Schrotthändler natürlich bestens Unterstützung leisten und den Stahl weiterverwerten oder verkaufen. Wenige Tage später gaben darum alle Schrotthändler ihre Gebote für den Großauftrag ab. Und welch ein Glück: Der stellvertretende Generaldirektor signalisierte Poisson, dass er das Geschäft mit ihm abwickeln wollte. Doch Poissons Frau war misstrauisch geworden. Sie glaubte, der Auftrag könne nicht mit rechten Dingen zugehen, und versuchte, Poisson das Ganze auszureden. Beim nächsten gemeinsamen Treffen gab sich der Generaldirektor sehr persönlich und vertraute Poisson an, dass er als Beamter nicht sehr viel Gehalt beziehen würde. Ein eindeutiger Wink mit dem Zaunpfahl! Poisson verstand sofort und steckte ihm einen Umschlag mit Geld zu. Die Bestechlichkeit des Beamten überzeugte auch Poissons Frau und machte ihn für sie glaubwürdig.

Zusätzlich zu der kleinen Aufmerksamkeit im Umschlag überwies Poisson als Vorleistung ganze 50.000 Dollar an diesen fremden Mann – der in Wahrheit kein Beamter von Paris war und auch nicht das Recht besaß, den Pariser Eiffelturm zu verkaufen. Nach der Bezahlung sah Poisson ihn nie wieder. Aus Eitelkeit und Scham wagte er es aber nicht, die Polizei einzuschalten. Alle Details dieses Betruges hatten perfekt funktioniert. Die offizielle Einladung, die elegante Kleidung, das noble Hotel, das tolle Abendessen – all das hatte die Schrotthändler zu einem positiven Urteil über den Fremden geführt. Denn derartig hofiert zu werden erstickte jeglichen Zweifel direkt im Keim.

Dieser geniale Coup wurde von einem sagenumwobenen Mann durchgeführt, der im Laufe seines Lebens für zahlreiche ähnliche Betrügereien bekannt wurde: Victor Lustig. Der gebürtige Tscheche, der schon als Jugendlicher wegen Betrug und Diebstahl mehrfach hinter Gittern saß und bis dato über 40 Festnahmen zu verzeichnen hatte, besaß einen messerscharfen Verstand und das, was für einen Betrüger nicht weniger wichtig ist: einen unwiderstehlichen, ja, geradezu hypnotisierenden Charme.

Lustig war so abgebrüht, dass er sogar den berühmt-berüchtigten Gangster Al Capone übers Ohr gehauen haben soll. Wie er das angestellt hat? Er lieh sich 50.000 Dollar (1926 ein unfassbar großes Vermögen) von Capone, mit dem Angebot, das Geld für den Chicagoer Gangster innerhalb von 60 Tagen zu verdoppeln. Capone war – wie für ihn typisch – erst misstrauisch, stieg dann aber aus Gier trotzdem auf den Deal ein und borgte Lustig die Summe. Lustig unternahm nun Folgendes: Er deponierte das Geld sicher in einem Banksafe und wartete 60 Tage ab. Dann holte er die Banknoten wieder heraus und überreichte sie Capone mit der traurigen Nachricht, er hätte es leider nicht geschafft, das Geld zu verdoppeln. Capone war völlig baff: Er hätte entweder mit der doppelten Menge oder mit dem Totalverlust gerechnet. Auf keinen Fall aber mit der Rückgabe des Geldes. Sollte er sich so in Lustig getäuscht haben? Diese falsche Einschätzung fuchste Capone, der doch ein erfahrener Ganove mit eigentlich perfekter Menschenkenntnis war. Um seinem Ego nicht weiter zu schaden, überreichte er Lustig 1.000 Dollar für seine Mühen (bzw. als Schweigegeld). Genau auf diese 1.000 Dollar aber hatte es Lustig von Anfang an abgesehen gehabt. Victor Lustig war in der Tat einer der gerissensten Trickbetrüger, die jemals bekannt geworden sind.

Was können wir von ihm lernen? Drei simple Zutaten entscheiden darüber, ob der Zauber der Verführung wirkt und das Opfer an der Nase herumgeführt werden kann.

Die erste Zutat ist der Wunsch des Opfers, an etwas zu glauben. Dies erlernen wir als Babys bereits in den ersten Momenten: Als hilflose Wesen sind wir darauf angewiesen, unseren Eltern zu vertrauen. Wir müssen darauf vertrauen, gefüttert und beschützt zu werden. Haben wir diese Gewissheit nicht, können wir nicht die Welt erkunden, sondern müssen uns immer ängstlich an das klammern, was wir bereits kennen. Unsicherheit und Zweideutigkeit hingegen halten wir nur schwer aus: Wir wollen am liebsten immer Gewissheit haben und wissen, was Sache ist. So entstehen

Schubladendenken und Vorurteile, die aber in vielen Fällen auch ihren Nutzen haben, da wir unsere komplexe Welt damit ordnen.

Die zweite Zutat, die einen Betrug möglich macht, ist der Wunsch nach etwas Magischem. Manipulatoren und Verführer profitieren von diesem in uns angelegten Bedürfnis in besonders hohem Maße. Oft genügt es schon, wenn sie den Menschen in Zeiten des Umbruchs, wo ohnehin eine hohe Unsicherheit herrscht, eine fantastische, emotionsgeladene Geschichte erzählen. Wird in dieser Geschichte noch eine Lösung präsentieren, wie man aus diesem Wandel als Gewinner hervorgehen kann, ist der Zauber perfekt. Die Opfer dieser Manipulationen werden in der Regel zu nichts gezwungen. Vielmehr werden sie zu Komplizen. Niemand stiehlt ihnen etwas, sie geben freiwillig aus gutem Glauben.

Die dritte Zutat für den perfekten Betrug besteht in der Eitelkeit, die jeder von uns in sich trägt. Wir haben eine tief verwurzelte Sehnsucht nach einer außergewöhnlichen Existenz, die uns mehr Bedeutung verleiht, als unser aktuelles Dasein verspricht. Genau dieses Bedürfnis nach Bedeutung im Leben und die Überzeugung, wir seien etwas Besonderes oder zu Besonderem bestimmt, entscheidet letztlich darüber, dass wir die Initiative ergreifen und handeln.

So haben es populistische Parteien wie die Alternative für Deutschland (AfD) leicht, Ängste und Ressentiments in der Bevölkerung zu schüren, indem sie Themen wie den Euro, Einwanderer, Mainstream-Medien und vor allem das politische Establishment kontinuierlich mit negativen Emotionen aufladen. Die beiden Medienforscher Thomas Hestermann

(Universität Hamburg) und Elisa Hoven (Universität Leipzig) werteten 242 Pressemitteilungen der AfD zum Thema Kriminalität aus und kamen zum Schluss, dass die Partei ein deutlich verzerrtes Bild der Realität liefere. Soweit in den Mitteilungen die Nationalität von Tätern genannt wird, sind 95 Prozent der darin beschriebenen Tatverdächtigen Ausländer. Bei den verbleibenden 5 Prozent Deutschen werde stets betont, dass diese Personen einen Migrationshintergrund hätten. Schaut man sich allerdings die offizielle Kriminalstatistik an, so liegt der Anteil nicht-deutscher Tatverdächtiger bei nur 35 Prozent. Die Forscher zu dieser deutlichen Verzerrung: *„Die von der AfD vielfach prognostizierte Explosion des Verbrechens ist nicht eingetreten. In den vergangenen zehn Jahren ist die polizeilich erfasste Kriminalität um 9,1 Prozent zurückgegangen und erreicht geringere Zahlen als vor 2015."* Mit Sprüchen wie *„Vollende die Wende"* werden ostdeutsche Bürger anvisiert, die nach dem Mauerfall schlichtweg ignoriert wurden und keinen Anteil am ersehnten Aufschwung im Osten hatten. Die Tatsache, dass die Menschen damals eine offene Gesellschaft mit mehr Freiheiten forderten und die AfD genau das nicht möchte – die AfD fordert beispielsweise das Ende des Asylrechts sowie den Rückbau der EU auf einen losen Staatenbund –, wird einfach unter den Teppich gekehrt.

Die AfD stellt nicht nur die Realität mit alternativen Fakten dar, sie hat selbst auch die Crème de la Crème der Verführer in den eigenen Reihen: Vetternwirtschaft, Steuerhinterziehung, Veruntreuung von Parteigeldern, Förderung von Schwarzarbeit, Betrug bei parteiinternen Abstimmungen haben dort genauso ihren Platz wie Rechtsextreme, Verfassungsfeinde und nicht zuletzt Holocaust-Leugner. Wer diesen Leuten noch irgendetwas glaubt oder die Partei sogar wählt, sollte sich ernsthafte Gedanken machen, ob er/sie nicht gewieften, skrupellosen Rattenfängern ins Netz gegangen ist.

Doch machen wir uns nichts vor: Wir alle sind uns selbst gegenüber die größten Betrüger. Wie oft verpassen wir jemandem, den wir nur flüchtig oder gar nicht kennen, einen bestimmten Stempel, bei dem sich später herausstellt, dass wir völlig danebenlagen? Wie oft urteilen wir über uns selbst auf eine negative Art, halten uns für unfähig, unwürdig und zweifeln aus nicht erklärbaren Gründen an uns selbst? Diese Urteile entscheiden den Verlauf unseres Lebens und unsere Sicht auf die Welt. Sehen wir uns als Könige und Königinnen oder als Sklaven und Untertanen? Ist der Tod etwas, vor dem wir Angst haben müssen? Wer könnte darauf eine fundierte Antwort geben? Wenn es keine gute Antwort darauf gibt, warum sollte man darüber urteilen und Angst davor entwickeln?

> **„Niemand kennt den Tod, es weiß auch keiner, ob er nicht das größte Geschenk für den Menschen ist. Dennoch wird er gefürchtet, als wäre es gewiss, dass er das Schlimmste aller Übel sei."**
>
> — SOKRATES

Wer etwas als gut bewertet, verurteilt zwangsläufig etwas anderes als schlecht. Gibt man eine Bewertung ab – ganz gleich, in welche Richtung –, bewertet man im selben Moment auch alles andere. Das Gute kann nicht ohne das Schlechte existieren, Schatten nicht ohne Licht, Ebbe nicht ohne Flut, das Empfinden von Glück niemals ohne das Erleben von Leid. Für den Stoiker Epiktet gibt es deshalb kein Gut oder Schlecht. Einzig die Tugend sieht er als gut an und nur das Laster als

Übel. Alle anderen Dinge, die man sonst schnell mit Werturteilen belegt – was ist schön, was hässlich? Wie viel Wert hat etwas? Wie wichtig ist Geld? –, das alles betrachtet er neutral oder steht dem gleichgültig gegenüber.

Wir alle tendieren dazu, aus unzureichenden Informationen voreilige Schlussfolgerungen zu ziehen und diese blind zu verteidigen. Der große Philosoph Sokrates war sich dessen bewusst und erkannte, dass das Vertrauen auf unsere oberflächlichen Sinneseindrücke zu einer Menge Missverständnisse und zu großem Leid führt. Wie ging er mit diesem Bewusstsein um, dass wir ständig getäuscht werden und uns auch selbst immer wieder täuschen? Sokrates ging den Dingen konsequent auf den Grund, indem er auf dem Marktplatz in Athen Menschen ansprach und sie in spontane, philosophische Gespräche verwickelte. Was ist Tapferkeit? Was ist Besonnenheit? Ist das eine gute Birne? Was heißt überhaupt „gut"? Ist die Definition des Guten nur etwas subjektives oder existiert – wie Sokrates überzeugt war – eine allgemeine Idee des Guten, zu der man durchgedrungen sein muss, um vernünftig handeln zu können? Zugleich machte Sokrates deutlich, dass er selbst noch nicht bis zur dieser Idee gelangt war.

So trat Sokrates in diesen Gesprächen nicht als allwissender Gelehrter auf, sondern stellte unvoreingenommen Fragen an seinen Gesprächspartner. Schließlich hatte jeder eine Meinung über die Dinge und damit bereits sein Urteil gefällt. Doch je länger diese Gespräche andauerten und je tiefer Sokrates' Fragen gingen, desto mehr zeigte sich die Fragilität der einstigen Meinungen. Im besten Fall – aber wahrlich nicht immer – endete das Gespräch mit einem Augenzwinkern, einem Lächeln und der Erkenntnis, die Urteile über die Dinge vielleicht doch noch einmal zu überdenken.

Kann es im Alltag gelingen, die Dinge neutral zu betrachten, ohne sie mit einem vorschnellen Urteil zu belegen? Auch wenn uns das Urteilen angeboren scheint und uns auch davor schützt, uns in Chaos zu verlieren: Einen ernsthaften Versuch ist das Hinterfragen unserer Urteile allemal wert. Zumindest kann es hilfreich sein, sich seiner eigenen Urteile von Zeit zu Zeit bewusst zu werden und sich zu fragen: Ist das wirklich so? Oder habe ich mir nur etwas vorgemacht und sollte mein Urteil überprüfen? Ob im Umgang mit anderen Menschen oder mit uns selbst: Es gibt kein Urteil, das für alle Zeiten Gültigkeit haben muss. Dass wir es hinterfragen, eröffnet uns nur neue Chancen. Es birgt keinerlei Risiko.

UNSERE GRÖßTEN ÄNGSTE SIND
DIE DRACHEN, DIE UNSERE TIEFSTEN
SCHÄTZE BEWAHREN.

— RAINER MARIA RILKE

SPRING INS KALTE WASSER

Stille. Bedrückende, furchterregende Stille. Als ein junger Anwalt versuchte, den Zeugen ins Kreuzverhör zu nehmen, erstarrte er. Plötzlich wollte kein einziges Wort mehr aus seinem Mund kommen. Dabei war dieser Moment so wichtig. Wichtig für den Fall, wichtig für seinen Klienten, wichtig für seine eigene Karriere. Als er aufstehen wollte, spürte er, wie stark sein Herz wummerte und seine Beine wie Wackelpudding zitterten. Sein Körper, sein Gehirn ließen ihn im Stich. Sein Klient müsste sich einen neuen Anwalt suchen. Bereits in seinem allerersten Fall hatte er kläglich versagt.

Diese Geschichte kann so oder in ähnlicher Weise jedem x-beliebigen Jura-Absolventen passieren, wahrscheinlich findet sie von Zeit zu Zeit tatsächlich in einem Gerichtssaal statt. Doch dass ausgerechnet ein legendärer Redner, der berühmte Menschenrechtsaktivist Mahatma Gandhi sie erlebte, dürfte so manchen verwundern. Wer hätte gedacht, dass der Freiheitskämpfer Gandhi als junger Mann unbeschreiblich große Angst hatte, vor anderen Menschen zu sprechen? Die Szene im Gerichtssaal ließ ihn lange nicht mehr los. Statt gegen sie anzukämpfen, tat Gandhi das, was viele seiner Leidensgenossen auch tun: Er gab auf. Er schmiss seinen Job als Anwalt, für den er jahrelang studiert hatte. Gandhi flüchtete aus der Situation, in der er ständig hätte sprechen müssen. Aber statt einen Job anzunehmen, bei dem er nicht vor anderen sprechen musste, bewarb er sich als Gymnasiallehrer. Also nur eine halbherzige Flucht vor seiner Angst? Oder wollte er das Sprechen vor Menschen erst vor jüngerem Publikum trainieren? Wir werden es nie herausfinden, denn seine Bewerbung wurde abgelehnt. Eine weitere Niederlage für Gandhi. Dass Gandhi seinen damaligen Zustand als depressiv beschrieb, überrascht kaum. Er hatte sich selbst in eine extrem komplexe Lage katapultiert. Wie sollte er da nur wieder herauskommen?

Die Angst, in der Öffentlichkeit oder vor anderen zu sprechen, wird oft fälschlicherweise als die größte Angst des modernen Menschen bezeichnet. Auch wenn immerhin schätzungsweise ein Viertel aller Menschen unter dieser Furcht leiden, so gibt es doch immer noch Ängste, die von deutlich mehr Menschen auf dem Globus geteilt werden. Die Sorge um das eigene Überleben wird dabei stets an oberster Stelle stehen.

Ursachen für Redeangst gibt es reichlich. In Gandhis Fall lässt sich seine Schockstarre wohl auf den Mangel an Erfahrung und den Druck der neuen Situation zurückführen. Der junge Anwalt war sich bewusst, dass er in diesem Moment von anderen bewertet wurde – und zwar von Menschen, die einen deutlich höheren sozialen Status besaßen als er selbst. Unter dem Strich hat er sich und seinen Fähigkeiten nicht ausreichend vertraut. Seine Erwartungen an ihn selbst waren zu hoch gesteckt.

Gandhi zeichnete sich schon von klein auf durch seine Aufrichtigkeit aus. In der Schule – also viele Jahre vor der Situation vor Gericht – bemerkte sein Lehrer, dass er ein Wort falsch geschrieben hatte, und ermunterte ihn, das richtig geschriebene Wort bei seinem Sitznachbarn abzuschreiben. Wie viele andere Schüler hätten diese Gelegenheit, ohne nachzudenken, erleichtert genutzt? Gandhi aber weigerte sich. Und so hatten schließlich alle in der Klasse das

Wort richtig geschrieben – alle außer ihm. Sein eigenes Wertesystem und seine Prinzipien nicht von den Vorgaben anderer beeinflussen zu lassen, machte aus Gandhi jene authentische Figur der Zeitgeschichte, die wir heute alle kennen.

Ein Mensch mit Führungsqualitäten geht als Vorbild voran. Indem er oder sie Werte vorlebt, werden andere von diesem Weg überzeugt. Doch wer Massen an Menschen bewegen will, tut auch gut daran, das Schwert des Wortes führen zu lernen. Überzeugende Argumente in Verbindung mit aufrechten Taten können Berge versetzen. Wie also schaffte es der zwar von Grund auf anständige, aber schüchterne Gandhi, seine Angst vor dem Sprechen in der Öffentlichkeit abzulegen und seine Heimat Indien zur Unabhängigkeit zu führen?

Dass der integre Gandhi für seine Rechte kämpfen konnte, bewies er schon ein paar Jahre nach seinem ersten Fall als Anwalt. Er reiste im Winter mit dem Zug durch Südafrika, von Durban nach Pretoria, wo er einen Freund seiner Familie rechtlich vertreten sollte. Er hatte gerade seinen reservierten Sitzplatz im Zug eingenommen, als ein weißer Passagier begann, sich über Gandhis Anwesenheit im Abteil zu beschweren. Als dunkelhäutiger Mensch hätte er nicht das Recht, in diesem Waggon zu sitzen. Sofort wurde ein Bahnbeamter herbeigerufen, der ihn aufforderte, unverzüglich in den Lieferwagenraum zu den anderen Farbigen zu wechseln.

Gandhi blieb sitzen und weigerte sich, dieser Anweisung Folge zu leisten. Unbeeindruckt wies er den Beamten darauf hin, dass er ein Ticket für die erste Klasse rechtmäßig erstanden hatte und er somit auch dort sitzen dürfe. Dieser Widerstand zahlte sich allerdings nicht sofort aus.

Im Gegenteil: Er wurde an der Station Pietermaritzburg aus dem Zug geworfen und sein Gepäck wurde von der Bahn konfisziert. Da sein Mantel in seinem beschlagnahmten Koffer verstaut war, verbrachte Gandhi die Nacht zitternd in einem Warteraum ohne Licht. Eine zutiefst erniedrigende Erfahrung, die doch so viel in Gang setzen sollte. Genau in dieser Nacht fragte sich Gandhi, ob er eigentlich sein ganzes Leben so verbringen wollte: leidend, gedemütigt und ohne Rechte – oder ob er endlich für seine eigenen und die Rechte von so vielen unterdrückten Menschen aufstehen und kämpfen wollte, bis er sein Ziel erreicht hätte. Er entschied sich für Letzteres. Auch weil er kaum etwas zu verlieren hatte, war er zu allem bereit, um sich dem Hass entgegenzustellen und das zu tun, was in seinen Augen richtig war.

> **„Die Belästigungen, die ich persönlich hier zu dulden hatte, waren nur oberflächlicher Art. Sie waren nur ein Symptom der tiefer liegenden Krankheit des Rassenvorurteils. Ich musste, wenn möglich, versuchen, diese Krankheit auszurotten und die Leiden auf mich zu nehmen, die daraus entstehen würden."**

Durch seinen eigenen, ganz persönlichen Schmerz spürte Gandhi den starken Drang, sich für alle Inder in Südafrika – damals um die 60.000 Menschen – und deren Rechte einzusetzen. Unmittelbar nach seiner diskriminierenden Erfahrung entschied er sich so, mit jedem einzelnen Inder in Pretoria in Kontakt zu treten. Und ihm gelang noch etwas anderes: Angetrieben durch sein tief emotionales Erlebnis und mit dem authentischen und ethisch richtigen Motiv direkt vor Augen, schaffte es Gandhi, mit viel Mut und Selbstvertrauen seine erste öffentliche Rede zu halten. Darin schlug er seinen Zuhörern vor, eine indische Interessenvertretung einzurichten, was auf große Begeisterung traf. Diese Rede gilt als Beginn seines gewaltfreien Widerstandskampfes, der erst das Leben der in Südafrika lebenden Inder und Inderinnen positiv beeinflussen sollte und später ganz Indien von den britischen Kolonialisten befreite.

Neben seinem persönlichen Motiv, das ihm den Mut zum öffentlichen Auftritt gab, befreite Gandhi auch eine grundlegende Erkenntnis von seiner Angst:

„Freiheit zu haben ist nichts wert, wenn sie nicht die Freiheit beinhaltet, Fehler zu machen."

Niemand wird als Redner oder als Rednerin geboren. Wer von sich selbst erwartet, als Berufsanfänger mit einer fehlerfreien und lockeren Präsentation alle Kollegen und Vorgesetzten mitzureißen, wird in den meisten Fällen an den eigenen Ansprüchen scheitern. Neulinge vergessen oft, dass erfahrene Redner viele Jahre oder gar Jahrzehnte brauchen, bis sie so routiniert und leicht vor anderen sprechen können.

Patanjali – der Vater des Yoga und Verfasser des Yogasutra aus dem 4. Jahrhundert v. Chr. – sagte, man sei so lange nicht frei, wie man Abneigungen und Ängste in sich trage. Um sich davon zu befreien, solle man das, was man nicht mag, immer und immer wieder tun, bis man es tatsächlich mag. Solange man Ängste in sich trägt, wird man von ihnen kontrolliert, anstatt sie zu kontrollieren. Im Bestseller *The*

Obstacle is the way (dt.: *Das Hindernis ist der Weg*) schildert Ryan Holiday, wie sich Menschen in entscheidenden Situationen entweder aus Angst von ihrem Hindernis abwendeten und vor der Situation flüchteten oder aber direkt auf dieses Hindernis zuliefen und es Schritt für Schritt bewältigten. Ist das nicht die zentrale Herausforderung, der wir alle immer wieder ausgesetzt sind? In den meisten Fällen kämpfen wir dabei mit uns selbst, denn Angst erzeugen nur wir selbst. Sie entsteht in unserem Inneren.

Wie Gandhi gezeigt hat, trägt jeder – auch Menschen, zu denen wir aufblicken – Abneigungen und Ängste in sich. Erst der Umgang mit diesen Ängsten entscheidet darüber, wer wir sind und was wir erreichen. Sich den Hindernissen entgegenzustellen und wenig hilfreichen Rollenbildern Lebewohl zu sagen, erfordert Kraft: Ich kann mehr, ich bin anders, ich stelle mich dieser Situation, anstatt vor ihr wegzulaufen! So wie Gandhi kann es jeder Einzelne schaffen, sich seiner Ängste bewusst zu werden und mit einer ordentlichen Portion Mut direkt darauf zuzulaufen.

**BEGIERDEN VERDUNKELN SELBST
DIE HÖCHSTEN UND ERHABENSTEN
ZUSTÄNDE DES GEISTES.**

— PADMASAMBHAVA

REGIERE DIE GIER IN DIR

Geiz ist geil – aber nur, wenn fleißig die eigenen Produkte gekauft werden. Der Einfluss von Werbung ist schon lange bekannt. Bereits im Jahr 1957 ließ eine Studie die gravierenden Auswirkungen auf die gesamte amerikanische Gesellschaft erahnen. Hierin behauptete der Werbefachmann James Vicary, es sei gelungen, Tausende Kinobesucher heimlich einem Experiment zu unterziehen und sie durch unterschwellige Werbebotschaften zu mehr Konsum von Popcorn und Cola zu verleiten. Wie das möglich war? Alle fünf Sekunden seien Botschaften wie *„Iss Popcorn"* oder *„Trink Cola"* auf dem Bildschirm aufgeflackert, die durch die kurze Einblendungszeit von 1/3.000 Sekunde nicht bewusst wahrgenommen worden seien. Der Umsatz von Cola ist dadurch um 18 Prozent gestiegen, der von Popcorn sogar um 58 Prozent, so Vicary. Schon bald wurde in der amerikanischen Öffentlichkeit hitzig darüber diskutiert, welche Manipulationen durch so eine Technik noch möglich seien, was den amerikanischen Verband der Rundfunksender schließlich zu einem strikten Verbot der Methode veranlasste. Sind wir Menschen wirklich so einfach zu verführen und zu manipulieren? Kann man uns über solche primitiven Methoden jede beliebige Begierde einpflanzen, ohne dass wir etwas davon mitbekommen?

James Vicary räumte ein paar Jahre später in einem Interview ein, es habe die besagte Studie nie gegeben. Sein einziges Ziel sei es gewesen, an Kunden für seine neu gegründete Agentur zu kommen. Tatsächlich gibt es Hinweise darauf, dass Vicary unmittelbar nach der Veröffentlichung der Fake-Studie Aufträge mit Beratungshonoraren von insgesamt mehreren Millionen Dollar an Land zog. Die Werbemasche der

Studie funktionierte also zumindest indirekt. Indem der Werbefachmann den magischen Manipulator mimte, der seinen Opfern nach Lust und Laune Begierden in die Köpfe einpflanzen konnte, wurde er es und sackte ordentlich Gewinn ein.

Was aber heißt eigentlich Begierde? In diesem Wort steckt die Gier, die für uns alle eine Gefahr darstellt.

„Begierde ist des Menschen Wesen selbst."
— BARUCH DE SPINOZA

Das Risiko von Begierden und ungebremstem Konsum zeigen auch die folgenden Daten: Der Schuldneratlas Deutschland 2019 der Wirtschaftsauskunftei Creditreform gibt an, dass aktuell rund 6,92 Millionen Bundesbürger nicht in der Lage sind, ihre Rechnungen zu begleichen. Das Statistische Bundesamt zeigt zudem, dass mehr als die Hälfte aller Erwachsenen in diesem Land übergewichtig sind. Auch die Zahl der jährlichen Drogentoten ist auf einem konstant hohen Niveau. Diese Befunde zeigen deutlich, dass in Deutschland (und in vielen anderen Staaten der Welt) einiges aus dem Ruder gelaufen ist: Unser Konsumverhalten ist längst über ein gesundes Maß hinausgewachsen.

Die Mehrheit aller Menschen ist nach irgendetwas süchtig: Aufmerksamkeit, Sex, Alkohol, Drogen, Arbeit, Zucker, Einkaufen, Pornos, Smartphones, Internet, Macht, Geld, Adrenalin, Glücksspiel oder der nächsten Folge der Lieblingsserie. Problematisch an diesem Verhalten ist, dass all diese Dinge nur kurzfristig Befriedigung bringen. Nach einer kurzen Euphoriephase greifen wir nur noch aus Gewohnheit auf sie zurück. Statt des anfänglichen Belohnungseffekts und kleiner Freuden im Alltag bleiben irgendwann nur noch schlechte Gewohnheiten oder gar Süchte zurück.

Natürlich sind nicht nur normalsterbliche Menschen Sklaven ihrer eigenen Begierden. Die Klatschblätter sind voll von Geschichten von Prominenten, die durch Drogen oder Alkohol die Kontrolle über ihr Leben verloren haben. Exzesse. Abstürze. Sex-Eskapaden. Zwangsstörungen.

Selbst einige der größten Herrscher der Menschheit hatten ihre Gelüste ganz und gar nicht im Griff. Alexander der Große hatte den Ruf, der größte Säufer der Geschichte zu sein. Als sein Vater Philipp II. (ebenfalls ein Freund des Weines) erneut heiratete und Attalos, der Onkel der Braut, mit dem lautstarken Wunsch sein Glas hob, das Brautpaar möge dem Volk bald einen Thronfolger mit rein makedonischem Blut schenken, kochten die Emotionen in Alexander (dessen Mutter keine Makedonin war) hoch. Er wollte sich auf Attalos stürzen, hatte aber keine Kontrolle mehr über seinen Körper. Da er so betrunken war, machte er sich auf der Feier nur selbst zum Gespött. Der mongolische Herrscher Dschingis Khan hingegen unterlag den Geschichten nach einer so ausgeprägten Sexsucht, dass er seinen Machtbereich stetig vergrößern musste, um sich stets die schönsten Frauen in seine Gemächer bringen zu lassen. Seine Kontrolllosigkeit trieb ihn also politisch an und ließ sein Reich bis ans Kaspische Meer und in den heutigen Irak ausdehnen. 2003 war im asiatischen Raum zwischen Pazifischem Ozean und Kaspischen Meer bei etwa 8 Prozent der männlichen Bevölkerung eine mit Dschingis Khan gemeinsame genetische Signatur im Y-Chromosom feststellbar.

Wer über Exzesse spricht, kommt auch an den römischen Kaisern nicht vorbei. Nero, Caligula, Domitian – sie alle waren Herrscher, die es krachen ließen. Doch einer stellte alle anderen in den Schatten: Elagabal. Mit gerade einmal 14 Jahren wurde der aus dem heutigen Syrien stammende Knabe zum mächtigsten Mann des Reiches. Wie ihm das gelang? Indem er sich als unehelicher Sohn des früheren Kaisers Caracalla ausgab und eine Militärrevolte anzettelte. So grenzenlos seine Machtgier war, so grenzenlos gestalteten sich auch seine sexuellen Eskapaden. Angeblich hat sich der neue Kaiser Elagabal als Dirne verkleidet und ist anschließend durch die Kneipen Roms gezogen, wo er sich zahlreichen Freiern angeboten haben soll. Auch soll er mit unzähligen Frauen Sex gehabt haben. Seine perversen Begierden stießen selbst bei den vergnügungsfreudigen Römern auf Empörung: Bei einer seiner Orgien ließ er so viele Blüten auf seine Gäste regnen, dass einige darunter erstickten. Und als Elagabal es satthatte, seinen Wagen von Löwen, Elefanten oder anderen exotischen Tieren ziehen zu lassen, ersetzte er sie kurzerhand durch schöne, nackte Frauen. Aber auch sein Volk hatte irgendwann genug. Die Prätorianergarde ermordete ihn schließlich.

> **„Gegen die Begierden muss man mit Leidenschaft und nicht mit Feingefühl vorgehen."**
> — SENECA

Wann ist genug des Guten? Eine Art Frühwarnsystem, das einem anzeigt, wann wir die Kontrolle zu verlieren drohen, wäre natürlich äußerst hilfreich. Denn wenn bereits alles aus dem Ruder gelaufen ist, fällt die Umkehr aus eigener Kraft umso schwerer.

In der peruanischen Hauptstadt Lima befindet sich das *Instituto Nacional de Salud Mental* – ein Internat für Suchtpatienten. Sexsucht, Drogensucht, Internetsucht oder Spielsucht: Psychiater Dr. Martín Nizama Valladolid hat für alle Fälle die eine passende Methode parat. Alle seine Patienten kommen aus zerrütteten Familien, in denen oft Gewalt herrscht und die die Jugendlichen auf die Straßen treiben. Da herkömmliche Therapien laut dem Psychiater wenig Erfolg versprechen, hat er eine eigene Methode entwickelt. Da seine Patienten in den meisten Fällen gegen ihren Willen in das Internat eingewiesen werden, halten zunächst drei bis vier Krankenschwestern oder Sicherheitsmänner den Suchtkranken fest und geben ihm eine Beruhigungsspritze. Obwohl sich einige seiner Kollegen gegen dieses radikale Vorgehen, das an eine Entführung erinnert, geäußert haben, steht Dr. Nizama felsenfest dahinter: *„Sie sind sich ihrer Krankheit nicht bewusst und lehnen daher auch jede Art von Behandlung ab."* Von einer Behandlung mit Medikamenten, die in anderen Einrichtungen oft angewandt wird, hält der Doktor hingegen gar nichts. Aus seiner Sicht soll das Gehirn des Patienten nicht betäubt werden, sondern sich neu strukturieren und erholen. Wie kann das erreicht werden? Durch Arbeit. Schreiben. Zeichnen. Lesen. Das Gehirn soll in Schwung kommen, um die festgefahrenen Strukturen, die eine Sucht mit sich bringt, aufzulösen und neu zu ordnen. Der andere Aspekt seiner Behandlung ist Stille: die Patienten sind dazu angehalten, nicht miteinander zu sprechen. Stille lässt das Gehirn in einen Meditationsmodus kommen. Einzige Ausnahme stellt die regelmäßige Humor-Stunde dar: Hier dürfen die Patienten sprechen, singen, Witze erzählen, gemeinsam musizieren, tanzen und natürlich lachen.

Die Familien der Patienten werden sehr aktiv in die Behandlung mit eingebunden. Es wird viel miteinander gesprochen, sie arbeiten Vergangenes auf, umarmen sich, nehmen sich wieder bewusst wahr. Nach 50 Tagen wird der Patient nach Hause entlassen. Doch an dieser Stelle beginnt erst die eigentliche Therapie: Jeder entlassene Patient bekommt die Aufgabe, eine 11.000-seitige Arbeit zu verfassen, die von ihm selbst, seinem Leben und allen vergangenen Ereignissen handeln soll. Zuhause hat sich für den Patienten vieles geändert: In seinem Zimmer gibt es nur noch ein Bett und einen Schreibtisch. Keine Kleidung, kein Fernseher, keine Stereoanlage, keine Ablenkung. Die Fenster sind vergittert und die Haustür soll immer abgeschlossen werden.

Um die 11.000 handgeschriebenen Seiten fertigzubekommen, soll der Fokus klar auf dieser großen Herausforderung liegen. Auch Zeichnungen sollen enthalten sein und dem Patienten sein Leben visuell vor Augen führen. Begleitet wird das Schreiben der Arbeit durch das Studieren von reichlich Literatur, die dem Patienten neue Perspektiven und Werte vermitteln soll. Der Patient erkennt nun – vielleicht zum ersten Mal in seinem Leben – einen Sinn oder ist fähig, sich diesen selbst zu erschaffen. Hier wird das Ziel von Dr. Nizama sichtbar: Er möchte nicht nur das Fehlverhalten – die Symptome – aus der Welt schaffen, sondern sie an der Wurzel packen und für eine nachhaltige, persönliche Entwicklung sorgen. Nur so besteht eine reelle Chance, dass der Patient nicht rückfällig wird.

Erst wenn die Arbeit fertiggestellt ist, wird vom Doktor eine Heilung überhaupt in Betracht gezogen. Vorher nicht. In der Regel dauert die Behandlung drei bis fünf Jahre.

Die Methode im Institut ist radikal. Dr. Nizama musste darum bereits viele Konflikte mit Kollegen und Vorgesetzten ausfechten. Doch drei Punkte geben seinem Ansatz recht. **Erstens:** Die Patienten werden angehalten, selbst etwas zu kreieren, anstatt weiterhin ausschließlich zu konsumieren.

Wer produzieren muss, kann gar nicht mehr unkontrolliert konsumieren. Konsumieren ist passiv, produzieren aktiv. **Zweitens:** Die 11.000-seitige Arbeit soll von ihrem Leben handeln. Sie sind somit gezwungen, sich mit dem Verlauf ihres Lebens, den Umständen und letztlich auch mit den Gründen für ihr Verhalten auseinander zu setzen. Da nur derjenige sein Verhalten ändern kann, der versteht, woher dieses herrührt, unterstützt die Beschäftigung mit sich selbst eine nachhaltige Heilung. **Drittens:** Das Lesen von (Fach-) Literatur bringt die Patienten mit philosophischen Konzepten und verschiedenen Lebensentwürfen in Kontakt. Mit diesem Input können sie sich aktiv für eigene Werte in ihrem Leben entscheiden und hieraus neue Perspektiven entwickeln.

> **„Und so wie kein Regen in ein Haus mit starkem Dach eindringen kann, so können keine Begierden in einen Geist einbrechen, der gute Meditation praktiziert."**
>
> — BUDDHA

Allen schlechten Gewohnheiten und Süchten, über die wir keine Kontrolle haben, liegt eines zugrunde: die Suche nach Glück. Ein kleines Stückchen Glück aus Schokolade. Ein kleines Schlückchen Glück in Form von Wodka. Ein kleiner Moment des Glücks in Form eines Orgasmus. Ein kleines Pülverchen Glück für die Nase. Diese Dinge sind greifbar und für uns jederzeit zugänglich. Vielleicht verfallen wir immer wieder demselben Irrglauben an die Erlösung durch äußere Dinge, weil wir keinen Schimmer davon haben, wie unser persönliches Glück wirklich aussieht.

> „Von den Dingen aber, die in unserer Gewalt
> sind, und welche zu begehren rühmlich wäre,
> ist dir noch gar nichts bekannt."
>
> — EPIKTET

In den Dingen, die nicht zu unserem eigenen Wesen gehören und die zu jeder Zeit verfügbar sind, können wir dauerhaft keinen Sinn und kein Glück finden. Das, was wir begehren dürfen und sollten, ist zwar auch zu jeder Zeit verfügbar, denn es ist in uns selbst angelegt. Gleichzeitig aber liegt es für viele verborgen. Wirst du es entdecken?

DIE SEELE HAT DIE FARBE DEINER GEDANKEN.

— Marcus Aurelius

FINDE DEINEN SPIRIT

„Junkie-Scheiße!" – Gerade als das Klatschen der Ohrfeige durch den Backstage-Bereich des Jazz-Clubs Café Bohemia schallte, betrat der große Pianist Thelonious Monk den Raum und wurde Zeuge des Ausrasters. Die Heftigkeit, mit der Miles Davis danach einen Fauststoß in den Magen seines Saxofonisten John Coltrane platzierte, bereitete Monk allein beim Beobachten Schmerzen. Miles Davis, King of Cool und Geburtshelfer des Cool Jazz, zeigte hier eine seiner weniger coolen Seiten: eine raue, strenge und gewaltsame Seite. Von John Coltrane war allerdings nicht die leiseste Reaktion zu vernehmen. Da er high war, bekam er die körperlichen Attacken seines Bosses wahrscheinlich nicht einmal mit. Was aber war der Grund für den Ausraster? Miles Davis' Saxofonist war zum wiederholten Male unpünktlich und zudem im schlampigen Look zum Auftritt erschienen. Damit sollte jetzt endgültig Schluss sein. Viel zu lange hatte Davis die Sperenzien und Drogengeschichten seiner Bandmitglieder geduldet. Jeder in der Band außer Miles selbst (er hatte sich bereits von den Drogen losgesagt) war süchtig und außer Kontrolle.

Und Davis nahm das lange hin. Immer wieder hatte er gedacht:

„Das ist ihre Privatsache. Solange sie die Kontrolle darüber behalten und mich damit auf der Bühne nicht nerven."

Doch diese Haltung schadete auch ihm selbst: Denn schon bald verpasste die Presse Davis' Quintett den Titel *„The D and D Band"* – für „Drunk" und „Dope".

Als Davis John Coltrane schließlich herauswarf, bedeutete das einen harten Fall für den talentierten Musiker. Das verdammte Heroin überschwemmte die USA. Insbesondere Musiker waren reihenweise süchtig. Das hing auch mit der irrsinnigen Vorstellung zusammen, dass man mit Drogen künstlerisch und kreativ mehr zustande bringen könnte. Bei dem hohen Druck, der auf den Musikern lastete – meist bestand die Mehrheit des Publikums in Jazzklubs aus anderen Musikern und damit aus kritischen Fachleuten –, fiel dieses falsche Versprechen auf fruchtbaren Boden. Wie aber verfiel Coltrane der Sucht?

Coltrane konnte nicht Nein sagen. Er griff 1948 zum ersten Mal zum Stoff und unterlag der gefährlichen Wirkung, die der offene Drogenkonsum des großen Charlie Parker – eines von Coltranes großen Vorbildern – auf etliche aufstrebende Jazzer hatte: In aller Öffentlichkeit hatte Parker verkündet, erst das Heroin erlaube ihm seine brillanten Leistungen am Saxofon. Eine verheerende Aussage. Da die gravierenden Folgen des Heroinkonsums damals noch nicht einmal im Ansatz bekannt waren, folgten viele dem großen Idol.

Coltrane setzte die Droge aber auch zur Selbstmedikamentierung ein. Coltrane war durch seinen ausschweifenden Genuss von Süßigkeiten bekannt. Dadurch säuselten beim Saxofon-Spielen ständig Luftzüge durch die Zahnlöcher, was ihm höllische Schmerzen bereitete. Als er diese nicht mehr mit Alkohol betäuben konnte, nutzte er dafür Heroin. Etwa ein Jahr nach seinem Griff zur harten Droge beichtete er einem Musikerkollegen:

„Mann, ich gebe täglich 80 Dollar für das Zeug aus. Ich muss mich davon befreien." Leichter gesagt als getan: Die nächste Probe, der nächste Gig, der nächste Schmerz im Gebiss warteten bereits und hielten ihn in der Sucht, die ihren Höhe-

punkt ausgerechnet zu einer Zeit erreichte, als er seinen Traum erreicht hatte: Er spielte in den Bands der besten Jazzmusiker aller Zeiten. Mit Dizzy Gillespie, Charlie Parker und zuletzt sogar mit dem damals angesagtesten Jazzer Miles Davis. Auf diese Kooperation hatte Coltrane gezählt und wollte seine ganze Zukunft darauf aufbauen. Er war mit seiner Familie sogar nach New York City gezogen, um mit Davis spielen zu können. Doch jetzt war alles aus.

Charlie Parker erschien Coltrane einmal im Traum, in dem er ihm sagte, er sei auf dem besten Weg. Auf dem besten Weg wohin? An Heroin zu sterben wie er selbst? Auf dem besten Weg zu Gott? Zur künstlerischen Freiheit?

Es fühlte sich an, als würden Millionen von Ameisen unter seiner Haut krabbeln, jede Körperfaser schien nach dem nächsten, erlösenden Schuss zu verlangen, das Hirn vom letzten Suff in der Taverne noch in Kognak gebadet, in der Karriere tief gefallen und die Familie enttäuscht – Coltranes Situation bot einige Baustellen und wenig Hoffnung. Sich künstlerisch zu verwirklichen und weiterzuentwickeln, schien in weiter Ferne.

Stets hatte er Musiker wie Johnny Hodges dafür bewundert, wie sie ihre Band leiteten und ihre Musiker in die eigene musikalische Vision mitnahmen, sie von ihrer kreativen Idee überzeugten, anschließend auf die Bühne stiegen und mit ihrer vollen Präsenz die anderen mitrissen. Genau so ein Leader wollte auch Coltrane sein. Als arbeitsloser Junkie war er allerdings meilenweit davon entfernt. Wie sollte er es schaffen, sich selbst an den Haaren aus dem Sumpf zu ziehen?

Der Schlüssel seines Wandels findet sich in seiner Herkunft. Im North Carolina der 1920er-Jahre wuchs John Coltrane in einem Umfeld auf, in dem offener Rassismus grassierte. Auch in seiner Heimatstadt wurde strikt Rassentrennung praktiziert. Als Farbiger durfte er nur aus bestimmten Wasserspendern trinken, musste im Bus hinten sitzen und wurde auch in Vergnügungsparks und Kinos separaten Bereichen zugewiesen. Gleichzeitig wuchs er sehr religiös auf. Da seine Familie christlich-methodistischen Glaubens war, besuchte er als kleiner Junge ausnahmslos jeden Sonntag die Kirche. Beide seiner Großväter waren Prediger. Sein Großvater mütterlicherseits, William Wilson Blair, strahlte als unangefochtener Patriarch der Familie besonders viel Stolz und Autorität aus. Aufgewachsen als Sklave einer Plantage in North Carolina arbeitete Großvater Blair als Grundschullehrer und schloss sich später hauptamtlich der African Methodist Episcopal Church (AME-Kirche) an. John Coltrane attestierte seinem Großvater einmal eine „militante Religiosität", die ihn nachhaltig geprägt haben dürfte.

Diese religiöse Verwurzelung gab Coltrane Kraft und den Glauben, dass ihm seine Sünden vergeben werden konnten.

Die Kirche erlebte er in mehrerer Hinsicht als Heimat. Zum einen gehörten Kirchen in den stark von Rassismus geprägten Südstaaten zu den wenigen Orten, wo Farbige nicht der Bevormundung der Weißen ausgesetzt waren und durchatmen konnten. Zum anderen machte Coltrane seine ersten musikalischen Erfahrungen, die ihn für den Rest seines Lebens prägen sollten, in der Kirche. Hier in der Gemeinde gläubiger, christlicher Schwarzen verschmolzen die Hoffnungen auf ein freieres Leben zusammen mit den hypnotisierenden Rhythmen zu einer besonderen Art der Spiritualität. Der junge John verinnerlichte diese transzendente Wirkung der

Musik und fing schon bald an, erst Althorn, dann Klarinette zu spielen. Jeden Sonntagmorgen war John in der St. Stephen Methodists Episcopal Zion Church ein sehr aktiver Teilnehmer und spielte zudem in der Community-Band der Kirche. Bei den Proben war er oft der Erste, der kam, und der Letzte, der ging.

Bis auf den allgegenwärtigen Rassismus verlief Coltranes Kindheit größtenteils unbekümmert und normal, geradezu langweilig – jedoch nur bis zu seinem siebten Schuljahr 1938/39. Im Dezember verstarb erst sein geliebter Großvater Blair, nur einen Monat später sein Vater an zu spät erkanntem Magenkrebs und weitere drei Monate später seine Großmutter mütterlicherseits ebenfalls an Krebs. John reagierte durch innere Zurückgezogenheit und durch eine radikale Hingabe zur Musik: Sein Saxofon bedeutete seinen Rettungsanker, an den er sich mit aller Kraft klammerte.

Ob sich Coltrane daran erinnert hatte, als er den Kampf gegen die Droge begann? Wenige Monate nach dem Vorfall im Café Bohemia mit Miles Davis wachte John Coltrane auf und sagte zu seiner Frau:

„Naima, mir reichts."

Sein Entschluss stand fest: Er wollte mit dem Alkohol, dem Heroin und den Zigaretten ein für alle Mal Schluss machen. Es folgt darum ein brutaler Entzug.

„Bitte, Gott, nimm meinen Vater noch nicht zu dir", betete Coltranes Stieftochter Antonia, als sie ihren Vater zu Hause vor Schmerzen schreien hörte. Diese Erfahrung habe bei ihr ein wahres Trauma ausgelöst, so durchdringend waren seine qualvollen Laute während des kalten Entzugs. Immer wieder kotzte sich Coltrane im Badezimmer die Seele aus dem Leib,

in das ihn seine Frau schleppen musste. In jedem Millimeter seines Körpers schien das Gift zu stecken und jede Körperzelle schien nach Erlösung durch einen Heroin-Kick zu verlangen. Coltrane hatte keinerlei medizinische Unterstützung während des Entzugs. Nur mit der Hilfe seiner Familie führte er einen zermürbenden Kampf mit seinem Körper. Und mit seinem Geist. Denn er wusste, dass er nur einen winzigen Schritt vor dem Abgrund stand.

Obwohl er Nacht um Nacht Fortschritte machte und es ihm zusehends besser ging, war er noch nicht über den Berg.

I will do all I can to be worthy of Thee, O Lord.

It all has to do with it.

Thank You God.

**Help us to resolve our fears and weaknesses.
In you all things are possible.
Thank you God.**

So wendete sich Coltrane in seinem eigenen Gebet an die göttliche, schöpferische Kraft und legte sein Schicksal in ihre Hände. Er gab einen Teil der Kontrolle bewusst an Gott ab – und erlangte so wahre Kontrolle über seine Sucht. Durch die Rückbesinnung auf seine Wurzeln und seinen Spirit erkannte er endlich: Einzig der göttliche Pfad der Liebe sollte ihn leiten, in seiner Kunst ebenso wie in seinem Privatleben. Nichts und niemanden, keine Substanz und keinen Menschen, würde er je wieder zwischen sich und Gott kommen lassen.

„Ich bat Gott in Bescheidenheit um die Mittel und das Privileg, andere mit meiner Musik glücklich zu machen."

Der erfolgreiche Entzug verhalf Coltrane in vielerlei Hinsicht zu einem lebenswerteren Leben. Nicht nur, dass sein Energielevel stieg und er wieder mehr Leistung in seinem Beruf erbringen konnte. Coltrane lachte auch endlich wieder. 1957 war Coltrane wieder clean und brach in sein neues Leben auf. Er verspürte durch die Gnade Gottes ein spirituelles Erwachen, das ihn zu einem reicheren und produktiveren Leben führte. Sein Mentor in dieser Zeit war kein Geringerer als Thelonious Monk, in dessen Jazzband er auch zeitweise mitspielte. Dabei profitierte er von Monks musikalischer Raffinesse und Struktur.

Die künstlerische Kraft sprudelte nur so aus Coltrane heraus, er tauchte in ganz neue Sphären ein, komponierte und experimentierte wie ein Irrer.

Words, sounds, speech, men, memory, thoughts, fears and emotions – time – all related ... all made from one ... all made in one.

Blessed be His name.

Thought waves – heat waves – all vibrations – all paths lead to God. Thank you God.

Er folgte nun eindeutig einer Mission. Auch mit Miles Davis spielte er wieder. Coltrane hatte sogar so viel Kraft und Motivation, um zwischen zwei Davis-Sessions mit seinem neu gegründeten Quartett sein Album *Giant Steps* einzuspielen.

Durch die Eigenkompositionen wuchs Coltrane dabei kreativ schon bald über den Stil von Miles Davis hinaus und löste sich von dessen Band, um mit seiner eigenen Gruppe den neuen Weg – den Weg, für den er bestimmt war – zu beschreiten.

Nie hätte die Welt von der Genialität John Coltranes erfahren, hätte er sich nicht am tiefsten Punkt seiner Karriere auf das zurückbesonnen, das unerschütterlich in ihm verankert war und das ihm bereits in seiner Kindheit als Rettungsanker diente: sein Spirit, seine Seele, die geprägt war von Hoffnung und dem Bewusstsein, dass ihn Gottes Weg aus dem Dunkeln zur Liebe führen würde.

Was uns zustößt und welche Überraschungen das Leben für uns bereithält, haben wir zu keiner Zeit in der Hand. Was wir aber steuern können, ist unsere Reaktion auf unvorhergesehene Ereignisse. Lassen wir uns hinunterziehen und entmutigen oder finden wir den Funken in uns, der unseren Spirit ausmacht und uns Hoffnung schenkt? Die Kraft, die dazu notwendig ist, finden wir in keinem Buch und bei keinem Life-Coach, sondern einzig und allein in uns selbst.

WENN DU NICHT BEREIT BIST, DAFÜR ZU STERBEN, DANN STREICHE DAS WORT ‚FREIHEIT‘ AUS DEINEM VOKABULAR.

— MALCOLM X

GET UP, STAND UP

Genug mit den Demütigungen, den ständigen Razzien. Schluss mit dem Schmiergeld für die korrupten Bullen, die immer vorgaben, dass sie für Gesetz und Ordnung zu sorgen hatten. Wer dieser Tage schwul oder lesbisch war, zeigte das möglichst nicht in der Öffentlichkeit und flüchtete, sobald sich ein Polizist auf der Straße sehen ließ. Auch im Greenwich Village, wo die LGBTQ-Community feierte, kam es zu regelmäßigen Visiten der Beamten. Denn zu jener Zeit war der Verkauf von Alkohol an Homosexuelle illegal – und auch Tanzen in den Kneipen war verboten. Sprengten die Polizisten eine Feier, mussten alle nach draußen auf den Gehsteig wandern und sich in einer Reihe aufstellen. Dort wurden sie gefilzt, aber auch oft verprügelt und auf die Wache mitgenommen. In sehr vielen Fällen wurde ihnen dann noch eine Strafe aufgebrummt, für absurde Vergehen wie geschlechtsuntypische Bekleidung oder Anstiftung zu verbotenen sexuellen Handlungen. Doch in dieser Nacht sollte alles anders kommen. Das Fass lief über.

In den frühen Morgenstunden dieser Samstagnacht im Juni 1969 stand die warme Luft regelrecht in den Straßen des Village, der New Yorker Himmel war so schwarz wie selten, einzig der riesige Mond erhellte die Nacht. Wie gewohnt pulsierte das Stonewall Inn mit Leben, denn dort feierten etwa 200 Leute. Plötzlich aber gingen die Lichter in der Bar an.

„Alle nach draußen und aufreihen!"

Die acht Polizisten, die plötzlich in die Bar marschierten, waren den mehrheitlich homosexuellen Gästen des Stonewalls bereits bestens bekannt. Immer wieder dieselben korrupten Cops veranstalteten hier die Razzien. Nachdem alle Gäste aus der Bar nach draußen auf den Gehsteig gebracht wurden, kam Unmut auf:

„Was zur Hölle machen wir hier eigentlich? Warum müssen wir das immer wieder ertragen? Wie lange soll das noch so weitergehen?"

Die Situation eskalierte, als eine lesbische Frau von Polizisten abgeführt wurde und sich wehrte. Sofort bezog sie heftige Prügel mit einem Schlagstock, was die bereits aufgebrachte Menge noch stärker aufheizte. Den Leuten war klar: Die Beamten würden erst mit ihren Schikanen aufhören, wenn sie ihr Schmiergeld bekommen hatten. Das war es doch, wonach sie aus waren. Und ihr Geld sollten sie bekommen: Die Stonewall-Gäste griffen in ihre Hosentaschen und begannen Penny- und Quarter-Münzen nach den Polizisten zu werfen.

Da habt ihr euer Schmiergeld!

Als sich ein Tumult bildete, eilten auch andere Leute aus dem Viertel zur Bar und mischten sich ein. Doch die Polizei griff hart durch und schlug einige der aufgebrachten Gäste zu Boden. Sollte die brutale polizeiliche Autorität doch wieder die Oberhand gewinnen?

Viele der Homosexuellen der Stonewall-Nacht wuchsen in den 1940er- und 1950er-Jahren auf. Eine Zeit, in der ihnen und dem Rest der amerikanischen Gesellschaft über Fernsehspots und den Sexualunterricht in der Schule kontinuierlich eingetrichtert wurde, dass Homosexualität eine Krankheit sei. Zu dieser Zeit wurden Homosexuelle sogar von ihren Familien in psychiatrische Einrichtungen eingewiesen, wo sie von ihrer „sexuellen Krankheit" geheilt werden sollten. Dort litten sie unter oft unmenschlichen, gewaltsamen Behandlungsmethoden. Eine dieser Methoden war die sogenannte transorbitale Lobotomie: eine neurochirurgische Operation, bei der dem Patienten ein langes, spitzes Gerät – ähnlich einem Eispickel – oberhalb der Augenhöhlen in den Kopf eingeführt wurde. Dort angekommen wurde es dann geschwenkt, um einen speziellen Teil des Hirngewebes zu zerstören. Es gab nie wissenschaftliche Belege für die Wirksamkeit dieser Methode. Im Gegenteil: Nicht wenige der einst kerngesunden Menschen waren nach dieser Operation zu dauerhaften Aufenthalten in Psychiatrien und Krankenhäusern gezwungen. Auch Todesfälle gab es.

Schon vor der Stonewall-Nacht hatten Homosexuelle für ihre Rechte gekämpft. Bereits um 1850 – also inmitten der Industriellen Revolution – gab es so in Deutschland erste Bestrebungen, Rechte für Schwule durchzusetzen. Einer dieser Freiheitskämpfer war ein Ostfriese namens Karl Heinrich Ulrichs. Nach seinem Studium der Rechtswissenschaften arbeitete Ulrichs in Hildesheim als Richter auf Probe. Doch im Jahr 1854 wechselte er von der Richter- auf die Anklagebank: Gegen Ulrichs wurde ein Ermittlungsverfahren eingeleitet, da er einem Gerücht zufolge „widernatürliche Wollust mit anderen Männern" getrieben hatte. Und auch wenn Homosexualität im damaligen Königreich Hannover nicht explizit verboten war, galt das damit verbundene öffentliche Ärgernis als Straftat. So musste Ulrichs die Segel streichen und den Staatsdienst niederlegen. Selbst seine neue Tätigkeit als Anwalt nahm nach drei Jahren ein unrühmliches Ende, da ihm nach Ermittlungen ein Berufsverbot ausgesprochen wurde. Zeit zu kämpfen! Ulrichs arbeitete von nun an unter anderem als Journalist und veröffentlichte 1864 die erste von zwölf Schriften zu *Forschungen über das Räthsel der mannmännlichen Liebe*, die in einigen deutschen Staaten verboten wurde. Darin ging er von einer natürlichen, nicht-krankhaften Veranlagung aus und forderte die Straffreiheit für Homosexuelle. Drei Jahre später trug er diese Forderungen erstmals öffentlich vor, und zwar vor 500 Mitgliedern des deutschen Juristentags in München. Welchen Mut musste dieser Mensch gehabt haben, der nicht nur vor sich selbst zu seiner Neigung stand, nicht nur vor seinem engsten Freundes- und Familienkreis – nein, sogar vor den Menschen, die seine Verurteilung mitgetragen hatten. Seine Rede ging zwar im Tumult unter, doch er stand weiter vorn und trug seine Ansichten vor. Später schrieb er stolz über diesen Moment:

> „Bis an meinen Tod werde ich es mir zum Ruhme anrechnen, dass ich am 29. August 1867 zu München in mir den Mut fand, Aug in Auge entgegenzutreten einer tausendjährigen, vieltausendköpfigen, wutblickenden Hydra, welche mich und meine Naturgenossen [gemeint: homosexuelle Männer] wahrlich nur zu lange schon mit Gift und Geifer bespritzt hat, viele zum Selbstmord trieb, ihr Lebensglück allen vergiftete. Ja, ich bin stolz, dass ich die Kraft fand, der Hydra der öffentlichen Verachtung einen ersten Lanzenstoß in die Weichen zu versetzen."

Diesen Stolz konnte ihm keiner mehr nehmen, selbst wenn seine einzigartige Tat in den Folgejahren keine Früchte tragen sollte. Im Gegenteil: Im Deutschen Reich, das vier Jahre später gegründet wurde, wurde gleichgeschlechtliche Liebe noch stärker verfolgt als zuvor. Ulrichs ging resigniert ins Exil nach Italien.

Wer die Menschen liebt, muss Widerstand leisten gegen alles Unrecht, das Menschen angetan wird. So hat es Jesus Christus gesehen, so hat es Martin Luther King gesehen, so hat es Mahatma Gandhi gesehen, so haben es die Geschwister Scholl gesehen und viele andere, die die Welt durch ihren Widerstand zu einer besseren gemacht haben. Das Widerstandsrecht ist eines der ursprünglichsten und wichtigsten Recht aller Rechte. Der Mensch verfügt über seine Freiheit, indem er zum Unrecht Nein sagen kann. Auch aus dem deutschen Grundgesetz leitet sich dieses Recht ab. Der erste Satz des ersten Artikels lautet schließlich:

„Die Würde des Menschen ist unantastbar."

Leitet man hieraus ein Recht ab, dann kann es nur das Widerstandsrecht sein, das von keinem Gesetz und keiner Verfassung beseitigt werden kann. In welcher Form dieser Widerstand geleistet werden darf und sollte, das steht auf einem anderen Blatt geschrieben.

Mahatma Gandhi beispielsweise entschied sich für einen rein gewaltfreien Widerstand in Form des zivilen Ungehorsams. Sein Standpunkt lautete:

> „Ziviler Ungehorsam gegenüber einem
> bestimmten Gesetz muss verbunden sein mit
> widerstandsloser Hinnahme der Strafe, die
> für eine Übertretung dieses Gesetzes vorgesehen
> ist. Wer zivilen Ungehorsam (sofern er einen
> gewaltlosen Charakter hat) leistet, ist
> Menschenfreund."

Eine Widersetzung oder Auflehnung gegen eine Verhaftung wäre in Gandhis Augen also Gewalt und nicht mehr friedlich gewesen. Der Augustinermönch und Vater der Reformation Martin Luther differenzierte die Möglichkeiten zum Widerstand hingegen stärker:

> „Einem ‚apokalyptischen Tyrannen' braucht man
> sich nicht zu beugen, gegen ihn ist Notwehr
> zulässig, die bis zum Tyrannenmord gehen kann."

Die Definition von Notwehr lässt allerdings viel Interpretationsspielraum. Kommt Notwehr erst infrage, wenn ein Tyrann schon über uns herrscht, oder bereits, wenn sich seine Herrschaft andeutet?

Für Erich Kästner ist Letzteres der Fall. Darum rät er dazu, den kleinsten Schneeball zu zertreten, bevor er zur Lawine wird. Dieser Rat hängt auch damit zusammen, dass Kästner ein im wahrsten Sinne des Wortes gebranntes Kind war: So musste er mit eigenen Augen ansehen, wie am 10. Mai 1933 seine von ihm verfassten, als „undeutsch" diffamierten Bücher auf dem Berliner Opernplatz vom NS-Regime verbrannt wurden. Kästner musste sich die Hetzrede von Propagandaminister Goebbels vor Ort anhören und erleben, wie 70.000 Berliner Bürger nichts gegen die Bücherverbrennungen unternahmen und stattdessen selbst Bücher auf den brennenden Scheiterhaufen warfen. Dieses Erlebnis dürfte definitiv etwas mit Kästner gemacht haben.

Wie ging die Stonewall-Nacht zu Ende? Auf die brutalen Prügel der Polizei folgten Steine und Flaschen seitens der Demonstranten. All der Frust, der sich in den Jahren und Jahrzehnten zuvor durch die unendlichen Demütigungen aufgestaut hatte, entlud sich jetzt. Die Polizisten sahen sich schnell von rund 600 Menschen umringt und verbarrikadierten sich schutzsuchend im Stonewall Inn – in jener Bar also, die sie selbst gerade geräumt hatten. Mülltonnen flogen von außen gegen die Fensterscheiben, „*Gay Power*"-Rufe dröhnten von der Straße und sogar Molotow-Cocktails wurden in die Bar geworfen, was die Polizisten in Todesangst versetzte.

Auch in den folgenden Nächten rissen die Krawalle nicht ab, und die Polizei hatte große Mühe, sich gegen die Tausenden von Demonstranten durchzusetzen.

Die Unruhen jener Nächte entzündeten den entscheidenden Funken, der eine LGBTQ-Bewegung in Gang brachte, die bis heute anhält. Stonewall setzte lediglich den Startschuss. So prägten Anfang der 1970er-Jahre sozialistische Ideen von Marx und Engels die Community, die strukturell über die herrschenden Machtverhältnisse und über sich selbst als systematisch unterdrückte Minderheit nachzudenken begann. Diese sehr mühsame, lange Reise führte Homosexuelle letztlich dazu, zunächst ihr eigenes Denken über sich selbst zu korrigieren. Statt Homosexualität als eine Neigung anzusehen, für die man sich schämen musste, lernten viele Homosexuelle auf der ganzen Welt stolz ihre eigene

Identität zu achten und sie selbstbewusst zu vertreten. Der Gay Pride war geboren. Die Selbstbefreiung der Homosexuellen stellt nur eine von unzähligen Freiheitskämpfen der Menschheit dar, die durch die Machtverhältnisse und die systematische Diskriminierung nötig wurde. Der Kampf der Afroamerikaner in den USA für Gleichbehandlung etwa nahm mit Malcolm X, den Black Panthers, Martin Luther King und vielen mehr in der Mitte des 19. Jahrhunderts seinen Anfang und hält bis heute an. Durch Polizeigewalt und eine Reihe an rassistisch motivierten Morden durch Polizisten – wie an George Floyd – erlebt die Bewegung Black Lives Mater gerade weltweit einen Höhepunkt.

Das menschliche Bedürfnis nach Freiheit wird niemals unterdrückt werden können. Das haben etliche Revolutionen, gewaltsame wie gewaltfreie, immer wieder gezeigt. Wird unsere Freiheit und damit unsere persönliche Würde eingeschränkt, müssen wir das nutzen, was in uns steckt: unseren Widerwillen gegen diese Einschränkung und unsere Kraft, Nein zu sagen. Für uns selbst, für unser Umfeld, für das freie Leben.

IMMER WENN MAN DIE MEINUNG
DER MEHRHEIT TEILT, DANN IST ES ZEIT,
SICH ZU BESINNEN.

— MARK TWAIN

KÄMPFE AN DER EWIGEN FRONT

Als die Deutschen 1939 Polen überfielen, reiste der deutsch-
böhmische Unternehmer Oskar Schindler sofort von Breslau
nach Krakau, um von der Besetzung der Nationalsozialisten
zu profitieren. Als erfahrener Geschäftsmann witterte er seine Chance, neue Einkommensquellen zu erschließen. Schindler war als Lebemann und Parteimitglied der NSDAP ein
hoch geschätzter Mann unter den Nazis. Jeder wollte mit
ihm feiern und sich mit ihm fotografieren lassen. Auch im
Schwarzmarkt war er gut vernetzt und konnte allerlei be-
gehrte Waren beschaffen: Schokolade, Zigaretten, Kognak,
Kaviar, Südfrüchte und vieles mehr, worüber sich die hoch-
rangigen SS-Offiziere stets freuten.

Im Gegenzug verschafften ihm die Nazis Genehmigungen,
von denen er finanziell profitierte. Insbesondere die Einstu-
fung seiner Fabrik als „kriegswichtig" bedeutete die Basis für
seinen persönlichen Wohlstand. Mit dieser Klassifikation war
er fortan in der Lage, jüdische Zwangsarbeiter anzustellen
und diese für einen Hungerlohn arbeiten zu lassen. War er
deshalb ein Sklaventreiber oder schlechter Mensch? Die Juden und Jüdinnen, die für ihn arbeiteten, waren Schindler
jedenfalls zutiefst dankbar. Denn sie wussten, dass sie an-
sonsten im Zwangsarbeiterlager in Plaszow arbeiten mussten
oder in ein Vernichtungslager deportiert worden wären.

Nichtsdestotrotz zahlte es sich für Schindler aus, mit den
Nazis gemeinsame Sache zu machen. Zunächst vermied er es
darum systematisch, über die Schicksale der Juden nachzudenken, und versuchte, sich auf sein Geschäft zu konzentrieren. Sein Glück ließ sich auf eine einfache Formel bringen: Wer
gehorsam ist und den Mächtigen Gefallen tut, dem geht es

selbst auch gut. Doch wie viel länger würde er das Leid anderer ausblenden können und weiterhin Gehorsam leisten?

৵

Im Jahr 1961 erschien die Studie des US-amerikanischen Psychologen Stanley Milgram, deren Ergebnisse bis heute Gültigkeit haben und in Folgestudien bestätigt wurden. Milgram und sein Team stellten sich die Frage: War das, was bis 1945 in Deutschland und Europa geschehen war, ein Phänomen, das nur in Deutschland geschehen konnte? Sind die Deutschen besonders obrigkeitshörig? Oder neigen Menschen generell dazu, ihre ethischen Maßstäbe für falsche Autoritäten über Bord zu werfen?

Beim Experiment fungierten die Versuchspersonen als „Lehrer" und sollten einem „Schüler", den sie durch ein Fenster beobachten konnten, bei Fehlern einen Elektroschock verpassen. Was sie nicht wussten: Die „Schüler" waren Schauspieler und die Elektroschocks nur gespielt – es wurde also niemand wirklich bestraft oder verletzt. Mit der Versuchsperson war noch ein Versuchsleiter im Raum, der dem „Lehrer" Anweisungen zur Bestrafung des „Schülers" gab und den „Lehrer" auch dann aufforderte weiterzumachen, wenn der „Schüler" offensichtlich schrecklich litt. Die Intensität der Elektroschocks, so wurde den Probanden vorgegaukelt, erhöhte sich mit jedem weiteren Stoß.

Der Ablauf war vorher zwischen Versuchsleiter und „Schüler" abgesprochen: Erreichte die Spannung beispielsweise 150 Volt, verlangte der Schauspieler, von seinem Stuhl losgebunden zu werden, da er die Schmerzen nicht mehr aushalte. Gleichzeitig betonte der Versuchsleiter, dass der Versuch zum Nutzen der Wissenschaft fortgeführt werden müsse. Wenn die

Versuchsperson Zweifel äußerte oder gar gehen wollte, wurde sie in vier standardisierten Sätzen zum Weitermachen aufgefordert. Die Sätze wurden nacheinander, nach jedem geäußerten Zweifel der Versuchsperson, gesprochen und führten nach dem vierten Mal zu einem Abbruch des Experimentes seitens des Versuchsleiters.

Satz 1: „Bitte, fahren Sie fort!"
Oder: „Bitte machen Sie weiter!"
Satz 2: „Das Experiment erfordert, dass Sie weitermachen!"
Satz 3: „Sie müssen unbedingt weitermachen!"
Satz 4: „Sie haben keine Wahl, Sie müssen weitermachen!"

Die erschreckenden Ergebnisse? Von 40 Versuchspersonen gingen ganze 26 bis zur maximalen Spannung von 450 Volt, nur 14 Versuchspersonen brachen vorher ab. In den folgenden Jahren gab es verschiedene Variationen des Experiments. So fand man auch heraus, dass die Gehorsamsrate dreimal so hoch war, wenn der Versuchsleiter im Raum anwesend war anstatt in einem anderen Raum saß oder nur über Telefon erreicht werden konnte.

Derartige Experiment sind aus ethischen Gründen und aufgrund der unkalkulierbaren Langzeitfolgen für die Psyche der Probanden höchst fragwürdig. Trotzdem waren die Erkenntnisse aus dem Milgram-Experiment bahnbrechend für die Psychologie: Erwachsene Menschen zeigten eine große Bereitschaft, einer Autorität gegenüber fast beliebig weit zu folgen. Erklärungen für diesen Gehorsam findet die Wissenschaft im familiären System und in der Institution Schule. In beiden Systemen – die den Menschen entscheidend prägen – wird Folgsamkeit und Unterordnung belohnt. Auch in der Arbeitswelt wird dies meist fortgeführt.

Schindlers gefällige Fassade vor den Nazis schien langsam zu bröckeln. Als er sich an einem sehr heißen Tag zu den Soldaten gesellte, die vor den Eisenbahnwaggons herumlungerten und auf die Abfahrt in andere Arbeitslager warteten, mischte er sich ein. Da aus den Wagen die Hände der Juden ragten, die um Gnade bettelten und um Luft in den zu vollen Abteilen rangen, platzte aus ihm ein spontaner Vorschlag heraus: Er wollte die Waggons mithilfe von Feuerwehrschläuchen abspritzen. Wenig überraschend, stieß sein Vorschlag in der Nazi-Runde nur auf ungläubiges Gelächter. Doch nur wenige Minuten später setzte er seine Idee selbst in die Tat um. Er hatte die Grausamkeit nicht mehr ertragen. In einem Zeitungsinterview für DIE WELT im Jahr 1967 äußerte er sich zur Atmosphäre dieser Zeit:

> „Also, ich bin schon ‚vorbelastet' nach Polen
> gekommen und ich habe allmählich diese
> Steigerung des Sadismus gesehen.
> Und jede Woche gab es neue Verordnungen.
> Alles war verboten für Hunde, Zigeuner und
> Juden, nirgends durften die mehr sitzen …
> Wenn man a bissle Herz hat und a bissle Sinn
> für Menschentum und Empfinden hat … wenn
> man da nicht Widerstand ergreift, wenn man da
> nicht versucht, wenigstens gegen den Strom
> anzuschwimmen, dann ist man kein Mensch."

So manchem Nazi stieß Schindlers Menschlichkeit sauer auf. Es dauerte nicht lange, bis er von der Gestapo in seiner Fabrik festgenommen und in Haft genommen wurde. Der Vorwurf: Er sollte ein „Juden-Küsser" sein und damit gegen die Nürnberger Rassengesetze verstoßen haben. Tatsächlich wurde er von einer jüdischen Sängerin am Ende ihres Liedes geküsst. Doch dank seiner guten Kontakte kam er schon bald wieder frei.

Die Säuberungsmaschinerie der Nazis war in vollem Gange und immer mehr Juden wurden in Vernichtungslager deportiert, dort vergast und verbrannt. Insgesamt deportierte die SS 20.000 Juden aus Plaszow in Vernichtungslager. Dies ging alles andere als spurlos an Oskar Schindler vorbei, der selbst mehrfach Augenzeuge der Verbrechen wurde. Der Schrecken stand ihm offen ins Gesicht geschrieben und er spürte, dass er schnell handeln musste, da sonst alle Insassen des Arbeitslagers Plaszow, das 1944 in ein KZ umgewandelt wurde, nach Auschwitz gebracht werden würden. Und mit ihnen alle seine Arbeiter. Also begann Schindler gemeinsam mit seinem Buchhalter Itzhak Stern und anderen Vertrauten eine Liste seiner Arbeiter und vieler anderer KZ-Insassen anzufertigen, die er retten konnte.

Was meinst du: Wie viel ist ein Menschenleben wert? Wenn du in der Situation von Oskar Schindler wärst und den Tod eines Menschen verhindern könntest, wie viel wärst du bereit zu bezahlen?

Schindler bezahlte etwa 1 Million Reichsmark (umgerechnet etwa 3,3 Mio. Euro) für seine Arbeiter, um sie vor dem Tod zu bewahren. 1.087 Menschen entkamen auf diese Weise ihrem tödlichen Schicksal. Somit war den Nazis ein Leben 3.000 Euro wert. Im Nachgang sagte Schindler:

> „Weit entfernt davon bin ich, ein Heiliger zu sein, habe als maßloser Mensch viel mehr Fehler als der große Durchschnitt derer, die so sehr gesittet durchs Leben schreiten."

Er wollte nicht als Held gefeiert werden, da ihm bewusst war, wie stark er persönlich vom Nationalsozialismus profitiert hatte. Doch in den entscheidenden Momenten hat er sich für die Menschlichkeit entschieden und in seinem Umfeld und seinen Möglichkeiten entsprechend gehandelt. Wer die Menschen liebt, muss Widerstand leisten gegen alles Unrecht, das Menschen angetan wird.

Gut möglich, dass es dir persönlich gut geht und du dich um deine Zukunft nicht zu sorgen brauchst. Dass du keine Angst haben musst, zukünftig von jemandem unterdrückt oder gar angegriffen zu werden. Dass deine Schäfchen alle im Trockenen sind. Wenn das alles auf dich zutrifft, gehörst du wahrscheinlich keiner Minderheit an und warst noch nie zur falschen Zeit am falschen Ort. Dieses Glück sei dir und jedem anderen von Herzen gegönnt.

Die Chancen liegen allerdings sehr hoch, dass du irgendwann in deinem Leben in eine Situation gebracht wirst, in der du Stellung beziehen musst – schweigend, egoistisch oder ängstlich für das Schlechte oder aber mit lauter Stimme für das Gute.

Bertold Brechts Gedicht *Wer zuhause bleibt* ist zeitlos gültig und erinnert uns daran, dass wir auch in Phasen, in denen es uns selbst gut geht, für unsere Werte kämpfen müssen, und zwar an den Fronten, die zu dieser Zeit bestehen. Egal, ob wir an der „Schlacht" unmittelbar beteiligt sind: Der Kampf für das Gute wird dauerhaft gekämpft und nicht erst, wenn er unser Umfeld erreicht. Bist du bereit, für das Richtige einzustehen, auch wenn es dir persönlich gerade gut geht?

DRITTER TEIL:
DIE VERKÖRPERUNG

ERKLÄRE NICHT DEINE PHILOSOPHIE. VERKÖRPERE SIE.

— EPIKTET

VERKÖRPERE DEINE PHILOSOPHIE

Die vorangegangenen Kapitel und Geschichten tragen dazu bei, dass du ein Bewusstsein dafür entwickelst, was du selbst in der Hand hast und was nicht. Sich selbst den Spiegel vorzuhalten und darüber zu reflektieren, ist allerdings nie leicht. Zu gerne möchte unser Ego mitbestimmen und den Ton angeben. Die Erkenntnis etwa, dass wir die Anerkennung der anderen zu keiner Zeit in der Hand haben, muss erst einmal verinnerlicht und verdaut werden, bevor wir entsprechend handeln können. Das gelingt meist nicht von einem Tag auf den anderen. Zur Selbstreflexion gehört es auch, sich selbst unbequeme Fragen zu stellen:

Anerkennung
- ☐ Was hat mir die Anerkennung durch andere gegeben?
- ☐ Welches Gefühl erhalte ich durch sie?
- ☐ Wie lange hält dieses Gefühl an?
- ☐ In welchen Fällen hätte ich anders gehandelt, wenn ich auf einer einsamen Insel leben würde?

Besitztümer
- ☐ Wie wichtig sind mir Besitztümer?
- ☐ Welchen Stellenwert nehmen sie für mich ein?
- ☐ Dienen sie mir nur als Mittel zum Zweck oder sollen sie mir ein Gefühl von Sicherheit geben?
- ☐ Ohne welche meiner Besitztümer könnte ich gut leben?
- ☐ Wie viel Geld brauche ich wirklich?
- ☐ Wie würde ich mich fühlen, wenn mir alle materiellen Dinge weggenommen würden?
- ☐ Wie würde ich mich in so einer Situation verhalten?

Tod

- ☐ Welches Bild habe ich vom Tod?
- ☐ Wie beeinflusst es mein Leben und meine Sicht auf die Welt?
- ☐ Macht es mich ängstlich und unsicher oder stärkt es mich?
- ☐ Könnte ich jemals den Tod aufhalten?
- ☐ Welche alternativen Konzepte vom Tod existieren in anderen Kulturen?
- ☐ Welcher anderen Sichtweise kann ich etwas abgewinnen?

Begierden

- ☐ Welche Erwartungen und Begierden habe ich?
- ☐ Wann motivieren sie mich, wann bremsen sie mich eher und sind Ballast?
- ☐ Kann ich mich für eine Weile bewusst von meinen Gewohnheiten und Gelüsten lossagen?
- ☐ Und falls nicht: Wo könnte ich mir Unterstützung suchen?

Geist

- ☐ Wie gehe ich mit meinem wichtigsten Werkzeug, meinem Geist, um?
- ☐ Füttere ich ihn mit Inspiration, Freude, Positivität und Liebe oder eher mit Frust, Trauer, Neid und Hass?

Eine ehrliche Selbstreflexion zu diesen Fragen ist zwingend notwendig, um die Philosophie verkörpern zu können und ein Leben in Zufriedenheit zu führen, das von keinem Ereignis und keinem Menschen erschüttert werden kann.

Es gibt nichts Gutes. Außer: man tut es. Über sämtliche philosophischen Konzepte dieser Welt wird seit jeher fleißig diskutiert, Ideen werden ausgetauscht, Gedanken gewälzt, gedreht und geordnet. Besonders eine Frage kommt dabei immer wieder auf: Was macht das gute, das richtige Leben aus? Die Bücher dieser Welt sind voller Antworten auf diese Frage. Doch Ideen allein genügen nicht, sie müssen auch umgesetzt und gelebt werden, wenn sie sich entfalten sollen. Philosophische Konzepte sind nur etwas wert, wenn sie von uns im alltäglichen Leben angewandt und verkörpert werden. Das zeigt uns die Lehre und das Werk vieler großer Philosophen. Vier davon sollen besonders hervorgehoben werden:

Vom „Meister aller Meister" (wie Sokrates von Michel de Montaigne im 16. Jahrhundert betitelt wurde) lernen wir, dass wir alle in erster Linie unseren Sinneswahrnehmungen vertrauen und das Wahrgenommene auch als das Wahre betrachten, was aber bei Weitem nicht der Wahrheit entspricht. Vielmehr kommt uns allen die Aufgabe zu, unser vermeintliches Wissen immer wieder zu hinterfragen und Schritt für Schritt neu zu erkunden. Sokrates selbst verkörperte diese Sichtweise, indem er auf den öffentlichen Plätzen des alten Athens wahllos Passanten ansprach und in philosophische Gespräche verwickelte: *„Was ist Mut?", „Was ist Gerechtigkeit?"*. Die entstandenen Diskussionen arteten des Öfteren aus und brachten die Leute durch sein penetrantes Nachfragen und Anzweifeln gehörig ins Schwitzen. Sokrates' Gesprächstechnik wurde auch als „Hebammenkunst" bezeichnet, da er durch gezieltes Nachfragen dem angeborenen Wissen zur Geburt verhalf anstatt seinen Gesprächspartner nur zu belehren. Als Sokrates vermutlich wegen Gottlosigkeit und Verführung der Jugend, die er zum kritischen Denken animierte, zum Tod verurteilt wurde, nahm er das Urteil an. Platon zufolge äußerte Sokrates nach der Urteilsverkündung: „Aber schon ist es Zeit, dass wir gehen – ich um zu sterben, ihr um zu leben: wer aber von uns den besseren Weg beschreitet, das weiß niemand, es sei denn der Gott." Bis zum letzten Tag lebte er also seine Überzeugungen.

Vom Stoiker Musonius Rufus lernen wir – durch seine Lehre und sein Leben –, dass sich Geduld und Ausdauer irgendwann auszahlen. Nachdem die Verschwörung zur Ermordung des Kaisers Nero in Rom aufgedeckt und zerschlagen worden war, wurden viele mutmaßliche Verschwörer, aber auch Unbeteiligte, zu denen Musonius Rufus vermutlich gehörte, verhaftet oder aus Rom vertrieben. Rufus wurde auf die karge, wasserarme Insel Gyaros verbannt und musste hier einige Jahre bis nach dem Tod Neros ausharren, bevor er nach Rom zurückkehren konnte. Hier war sein Ruf unbeschadet und so konnte er unter Kaiser Vespasian als angesehener Philosoph und Berater in der Politik tätig sein. Sein geduldiges Abwarten hatte sich ausgezahlt.

Auch Epiktet verkörperte seine Philosophie selbst. Der einstige Sklave lebte uns vor, wie wir die einzig wahre Freiheit, die innere Freiheit, erlangen – unabhängig von äußeren Umständen. Epiktets Maxime, die Grundlage dieses Buchs ist, lehrt uns, zu unterscheiden, was man selbst unter Kontrolle hat und was nicht. Sich dieses Prinzips zu ermächtigen, war für ihn als Sklaven zwingend notwendig, um in Gefangenschaft nicht den Verstand zu verlieren. Besitztümer? Hatte er keine und braucht er nicht. Körper? Der wurde von seinem Herrn gezüchtigt, sodass ihn Epiktet auch nicht unter Kontrolle hatte. Tod? Der würde ihn mit absoluter Sicherheit früh genug ereilen. Was ihn aber trotz aller Einschränkungen und selbst als Sklave zu einem freien Menschen machte, war die Einsicht, dass alles Innere – also Entscheidungen, Geist, Impulse, Begierden, Abneigungen, Widerwillen – zu jeder Zeit in unserem Einflussbereich liegt und wir uns durch seine Beherrschung selbst befreien können.

Schließlich verarbeitete auch Friedrich Nietzsche, der sich selbst als „letzten Stoiker" betrachtete, seine persönlichen Erfahrungen in seinen Schriften. Dort betont er eine bedingungslose Lebensbejahung. Bevor ihn eine psychische Krankheit arbeits- und geschäftsunfähig gemacht hatte, prägte er 1882 in seinem Werk *Die fröhliche Wissenschaft* die Maxime *Amor fati*, die Liebe zum Schicksal:

> „Amor fati: das sei von nun an meine Liebe!
> Ich will keinen Krieg gegen das Hässliche
> führen. Ich will nicht anklagen, ich will nicht
> einmal die Ankläger anklagen. Wegsehen sei
> meine einzige Verneinung! Und, Alles in Allem
> und Großen: Ich will irgendwann einmal nur
> noch ein Ja-sagender sein!"

und später

> „Meine Formel für die Größe am Menschen:
> das Notwendige nicht bloß ertragen, noch
> weniger verhehlen, sondern es lieben."

Es liegt nahe, dass Nietzsche zu dieser Ansicht kam, um mit seinen eigenen Krankheiten fertigzuwerden.

Unerschütterlich gegen äußere Einflüsse zu werden, bringt jedem Einzelnen von uns einen großen Nutzen. Je mehr wir dieses philosophische Konzept leben und wir unterscheiden lernen, was wirklich in unserem Einflussbereich steht und was nicht, desto fokussierter und selbstbestimmter können wir unser Leben gestalten. Auf lange Sicht führt das zu mehr Zufriedenheit und Kraft, um mit Krisen umzugehen und unsere Ziele zu erreichen.

Doch auch im größeren Kontext profitieren wir vom Streben nach Unerschütterlichkeit. Unsere Gesellschaft wird dadurch reicher – reicher als durch alles Gold dieser Welt. Denn wir alle sind Vorbilder für unser Umfeld und beeinflussen andere mit unserem Verhalten. Ob unsere Freunde, unsere Familie, unsere Arbeitskollegen, unsere Teamkameraden beim Sport oder wildfremde Menschen: Unsere Taten haben enorme Strahlkraft auf andere und zeigen ihre Wirkung in der Welt. Hast du Kinder? Dann erlebst du täglich, wie stark sie sich an dir orientieren und deine Einstellung, deine Sicht der Dinge und dein Verhalten übernehmen. Welche Werte möchten wir gerne betonen, damit sie auch für andere erstrebenswert werden? Wollen wir unseren Mitmenschen wirklich vorleben, wie wir Materielles oder Ruhm mehr als alles andere schätzen, maßlos konsumieren und von einer unbefriedigenden Sucht zur nächsten springen?

Oder möchten wir zeigen, wie wir alle unsere Gefühle, unsere Impulse besser kontrollieren können, unsere Begierden im Zaum halten und bessere Entscheidungen treffen? Wir haben es in jedem Moment selbst in der Hand.

> **„Ein loderndes Feuer macht aus allem, was hineingeworfen wird, Flamme und Helligkeit."**
> — MARCUS AURELIUS

Indem du diesen Weg gehst, tust du nicht nur dir etwas Gutes. Du kannst auch als Vorbild andere mit deinem Handeln anleiten. Wahre Anführer*innen gehen immer voran, anstatt nur große Reden zu schwingen. Für was möchtest du einstehen? So klein und unbedeutend du dich auch manchmal fühlen magst: Wer weiß schon, welche Wirkung dein Verhalten einmal haben kann? Keine der Persönlichkeiten, deren Geschichte wir verfolgt haben, wusste das vor ihrem Handeln.

Doch sie alle haben die Welt verändert.

NACHWORT

Das leise Surren des Laptops verstummt völlig und ich klappe ihn zu. Mein Blick fällt auf den Stapel Bücher zu meiner Linken, dann auf die wirren Notizen auf dem Whiteboard vor mir, die ich schon gar nicht mehr zuordnen kann. Auf dem Schreibtisch tummeln sich bekritzelte Karteikarten mit Zitaten und Stichpunkten. Dieses Buch zu schreiben war ein Riesenspaß und zugleich eine Menge Arbeit.

Was hat mich dazu geführt, UNBREAKABLE zu schreiben? Einerseits die Liebe zum Verlagswesen, in dem ich meine Ausbildung und mein Studium absolviert und in dem ich einige Jahre gearbeitet habe. Auch wenn ich aktuell in einer ganz anderen Branche arbeite, hat mich die Liebe zu Büchern und zu anderen Medien, die Ideen von Menschen in die Welt tragen, zu keiner Zeit verlassen. Für mich stellt die Verlags- und Medienbranche einen unglaublich wichtigen Teil der Kommunikation in unserer Gesellschaft dar: nur durch die Vielfalt an Stimmen und Meinungen kann sich jeder Bürger ein differenziertes Bild von allen Themen machen. Diese Vielfalt zu schützen, ist eine für den Erhalt demokratischer Freiheiten unerlässliche Notwendigkeit.

Andererseits ist das philosophische Thema für mich persönlich ein wichtiges Anliegen. Wie wohl jeder von uns, verliere auch ich von Zeit zu Zeit den Fokus auf die wirklich wichtigen Dinge und werde geblendet von Dingen, die zu einem glücklichen Leben nichts beitragen oder dem sogar entgegenwirken.

Nicht zuletzt war das Schreiben des Buches für mich eine äußerst spannende Reise durch Themen, mit denen ich mich zuvor nie beschäftigt habe. In Psychologie, Sozialwissenschaften, Politik und verschiedene philosophische Disziplinen einzutauchen, hat mich persönlich unschätzbar bereichert. Mein Wissenshunger wurde in letzter Zeit zwar gut gestillt, doch er hält natürlich weiter an.

UNBREAKABLE ist nichts für Menschen, die eine kurze und für jeden anwendbare Anleitung zum Glücklichsein mit zehn Handlungsanweisungen suchen. Solche Leser werden in den langen Ratgeber-Flügeln der Buchhandlungen oder in den unzähligen How-to-Artikeln des World Wide Web mit Sicherheit fündig werden. Vielmehr hast du dich durch das Lesen dieses Buches mit einer bestimmten Philosophie auseinandergesetzt: Sich vom Willen, das Unkontrollierbare zu kontrollieren, zu lösen und andererseits die Dinge im Leben besser unter Kontrolle zu bekommen, die zu unserem eigenen Wesen gehören und damit in unseren Händen liegen. Diese Philosophie kann keiner bestimmten philosophischen Richtung alleine zugerechnet werden. Sowohl der Buddhismus, der Hinduismus als auch der Stoizismus und abgewandelt auch weitere philosophische Traditionen beinhalten diese simplen Prinzipien gleichermaßen.

Vielleicht hast du dich ja in der ein oder anderen Story selbst wiedererkannt und konntest etwas für dich mitnehmen? Das interessiert mich sehr, lass' es mich wissen und schreibe mir eine Mail an: **mail@salimzitouni.com**

Da ich UNBREAKABLE verfasst habe, heißt das, dass ich die beschriebenen Prinzipien selbst perfekt beherrsche und schon seit Jahren nach ihnen lebe? Keineswegs! UNBREAKABLE erläutert diese Prinzipien lediglich anhand von Geschichten aus dem wahren Leben. Unerschütterlich gegenüber äußeren Einflüssen zu werden, ist erstrebenswert, aber extrem schwer zu erreichen und erfordert lebenslanges „Training". Selbst Seneca, berühmter Stoiker und einst Berater des brutalen Kaisers Nero, löste sich von der Vorstellung, dass das Idealbild der Stoiker, der Stoische Weise, allzu rigoros einzuhalten sei. Vielmehr gab er zu verstehen, dass bereits derjenige ein erträgliches Leben führen könne, der anfängt, nach Weisheit zu streben. In die amerikanische Verfassung wurde auch nicht hineingeschrieben, dass jeder Amerikaner ein Recht auf Glück hätte, sondern ein Recht auf das Streben nach Glück. Mehr kann niemand erwarten:

Strebe nach Weisheit und Unerschütterlichkeit!

Philosophie lebt! Und zwar auch außerhalb des akademischen Diskurses und der TV-Intellektuellen. Natürlich haben auch diese Formate ihre Daseinsberechtigung. Doch wenn Philosophie den Menschen nützen soll, sollten Menschen wie du und ich auch darüber sprechen können. Nichts verdeutlicht ein Prinzip besser, als eine gut erzählte Geschichte. Und von denen gibt es nun einmal unendlich viele.

Wenn dir diese Art, Philosophie zu behandeln gefallen hat, freue ich mich über deine **positive Rezension auf Amazon**. Das hilft mir enorm, um zu erfahren, ob dieser Stil gut bei dir angekommen ist und du mehr davon bekommen möchtest. Andererseits machst du dieses Buch damit auch für andere Menschen sichtbarer und trägst dazu bei, dass wir in der Gesellschaft wieder mehr über Werte sprechen, die uns wirklich wichtig sind. Vielen Dank dafür!

DANK

Dieses Buch hätte ohne die vielen Ideen und Werke all der großartigen Denker, Philosophen, Autoren und Persönlichkeiten gar nicht entstehen können. Das Einzige, das ich leisten konnte, ist, diese kraftvollen Geschichten aufzuspüren und über diesen Weg weiterzutragen.

Inhaltlich und stilistisch wurde das Werk durch die Unterstützung meiner Lektorin Caroline Baumer (www.textorat.net) auf ein deutlich höheres Level gehoben. Ich bin daher sehr froh darüber, ein wenig länger nach einem passenden Lektorat gesucht und sie schließlich gefunden zu haben. Die Zusammenarbeit hat mir viel Freude bereitet. Vielen Dank!

Vielen Dank an meine wundervolle Frau Julia, die mir viel Zeit und Verständnis für meine Arbeit an diesem Werk zugestanden hat und zudem den Buchsatz und Layout von UNBREAKABLE übernommen hat. Da wir uns im Studium (Mediapublishing) kennengelernt haben und ich genau weiß, was sie drauf hat, könnte ich niemandem sonst diese Aufgabe anvertrauen.

An meine Tochter Maya ein Dankeschön für die gute Unterhaltung, die abwechslungsreichen und lustigen Spiele zum Kopf frei bekommen und die Motivation.

Herzlichen Dank an all die fleißigen Mitarbeiter der Stadtbibliothek Stuttgart, die stets gerne weiterhelfen und alle Bücher gut auffindbar machen.

Einen großen Dank an Ryan Holiday für seine philosophischen Sachbücher und die Erläuterung seines "Notecard Systems" zur besseren Organisation während des kreativen Prozesses. Ich nutze das System zwar noch nicht ganz so, wie es von ihm vorgesehen ist, aber ich bin auf einem guten Weg. Beim nächsten Buch vielleicht.

Vielen Dank an Harry's Kaffeerösterei Stuttgart. Ohne so wunderbaren Kaffee wäre meine Arbeit an dem Buch nur halb so genussvoll gewesen.

Danke an Matthias Münch (www.mmkd.de) für die Unterstützung bei der Bearbeitung des Cover-Bildes und die guten Gespräche bei einem Bierchen auf dem Balkon. Good to have you in da hood, dude!

Danke an alle Vorableser für eure Aufmerksamkeit, euer wichtiges Feedback und eure Unterstützung!

Zu guter Letzt einen herzlichen Dank an dich, liebe*r Leser*in. Wir Indie-Autoren sind – mehr als Autoren mit Verlag im Rücken – abhängig davon, unsere Werke einem möglichst großen Publikum präsentieren zu können. Ich freue mich über deine Rezension bei Amazon, ganz gleich wie sie ausfallen mag. Mit deiner Bewertung trägst du dazu bei, dass das Buch sichtbarer für andere interessierte Leser wird und die Vielfalt in der Buchlandschaft erhalten bleibt. Vielen Dank!

AUSGEWÄHLTE QUELLEN UND WEITERFÜHRENDE LITERATUR

Da der Platz in diesem Buch begrenzt ist, habe ich hier nur die wichtigsten Quellen und weiterführende Literatur zusammengestellt.

Adamson, P. (2017), *When philosophy needed Muslims, Jews and Christians alike,* Abgerufen: 28.09.2020 von https://aeon.co/ideas/when-philosophy-needed-muslims-jews-and-christians-alike

Ärzteblatt (2019), *Mehr als die Hälfte aller Erwachsenen in Deutschland ist übergewichtig,* Abgerufen: 29.09.2020 von https://www.aerzteblatt.de/nachrichten/102121/Mehr-als-die-Haelfte-aller-Erwachsenen-in-Deutschland-ist-uebergewichtig

Amsellem, N./Bergère, S. (2016), *Die großen Mythen 17/20 – Daedalus und Ikarus, Über den Wolken* (Doku-Film)

Aurel, M., *Selbstbetrachtungen.* Stuttgart: Reclam, 2016.

Batey, A., *Grand Wizard Theodore accidentally invents scratching (or does he?),* Abgerufen: 29.09.2020 von https://www.theguardian.com/music/2011/jun/13/grand-wizard-invents-scratching

Betz, A. (2010), *Der „Neue Mensch" im Nationalsozialismus,* Abgerufen: 29.09.2020 von https://www.deutschlandfunk.de/der-neue-mensch-im-nationalsozialismus.1184.de.html?dram:article_id=185410

Boxberger, R., *Bhagavadgita.* Stuttgart: Reclam, 2017.

Burak, J., *How to Find a Black Cat in a Dark Room (especially when there is no cat): The Psychology of Intuition, Influence, Decision Making and Trust.* London: Watkins, 2017.

Caramanica, J. (2013), *Behind Kanye's Mask,* Abgerufen:

28.09.2020 von https://www.nytimes.com/2013/06/16/arts/music/kanye-west-talks-about-his-career-and-album-yeezus.html

Clement, K. (2019), *50 Jahre homosexueller Stolz,* Abgerufen: 29.09.2020 von https://www.deutschlandfunk.de/stonewall-aufstand-in-new-york-50-jahre-homosexueller-stolz.724.de.html?dram:article_id=452169

Creditreform (2019), *SchuldnerAtlas Deutschland 2019,* Abgerufen: 29.09.2020 von https://www.creditreform.de/aktuelles-wissen/pressemeldungen-fachbeitraege/news-details/show/ueberschuldung-in-deutschland-etwas-licht-aber-noch-viel-schatten-1

Danancher, T. (2013), *EXCLUSIF. Dominique Loiseau : „les vraies raisons du suicide de mon mari“,* Abgerufen: 28.09.2020 von https://www.lepoint.fr/gastronomie/exclusif-dominique-loiseau-les-vraies-raisons-du-suicide-de-mon-mari-07-03-2013-1637073_82.php

Davis, J. (2009), *The Untold Story of the World's Biggest Diamond Heist,* Abgerufen: 29.09.2020 von https://www.wired.com/2009/03/ff-diamonds-2/

Demain, B., *Smooth Operator: How Con Man „Count" Victor Lustig Sold The Eiffel Tower—Twice,* Abgerufen: 29.09.2020 von https://www.mentalfloss.com/article/12809/smooth-operator-how-victor-lustig-sold-eiffel-tower

Dickens, C., *Weihnachtslied: Eine Gespenstergeschichte.* Zürich: Diogenes, 1989.

Dutoit, J. (1908), *Jātakam, Wiedergeburtsgeschichten*, Abgerufen: 16.09.2020, von http://www.palikanon.com/khuddaka/jataka/j000.htm#B2.8

Eberle, H./Neumann, H.-J., *War Hitler krank?: Ein abschließender Befund.* Bergisch Gladbach: Bastei Lübbe, 2009.

Elger, D., *Dadaismus.* Köln: Taschen, 2016.

Emmerich, A., *John Jacob Astor: der erfolgreichste deutsche Auswanderer,* Stuttgart: Theiss, 2009.

Epiktet/Steinmann, K., *Handbüchlein der Moral.* Stuttgart: Reclam, 2008.

Frankopan, P. (2016), *The heart of the world,* Abgerufen: 28.09.2020, von https://aeon.co/essays/the-silk-road-is-once-more-the-centre-of-the-world

Fromm, E., *Haben oder Sein: die seelischen Grundlagen einer neuen Gesellschaft.* Stuttgart: Deutsche Verlags-Anstalt, 1996.

Gandhi, M., *Mein Leben.* Frankfurt a. M.: Suhrkamp, 2010.

Gaudry, F., La vérité sur le suicide du chef Bernard Loiseau, Abgerufen: 28.09.2020 von https://www.lexpress.fr/styles/saveurs/restaurant/la-verite-sur-le-suicide-du-chef-bernard-loiseau_1212381.html

Gottlob, G. (2016), *Luz Long – Jesse Owens: Eine Geste für die Ewigkeit,* Abgerufen: 29.09.2020 von https://www.ndr.de/fernsehen/sendungen/sportclub/Luz-Long-Jesse-Owens-Eine-Geste-fuer-die-Ewigkeit,sportclub10428.html

Hafer, G./Taylan, K. (1992), *Komm ins Land der Leichen – Die Droge Tabak und ihre Opfer,* Abgerufen: 29.09.2020 von https://www.youtube.com/watch?v=Sr1g_JTk1-Q

Hestermann, T./Hoven, E. (2019), *Kriminalität in Deutschland im Spiegel von Pressemitteilungen der Alternative für Deutschland (AfD),* Abgerufen: 29.09.2020 von https://kripoz.de/wp-content/uploads/2019/05/hoven-hestermann-kriminalitaet-in-deutschland-im-spiegel-von-pressemitteilungen-der-afd.pdf

Horster, D., *Das sokratische Gespräch in Theorie und Praxis.* Opladen: Leske und Budrich, 1994.

Huber, S. (2018), *Blue Note Records: Beyond The Notes.* London: Eagle Rock, 2019. (Doku-Film)

Izenberg, J. (2017), *Can writing an 11,000-page autobiographical thesis cure addiction?,* Abgerufen: 29.09.2020 von https://

aeon.co/videos/can-writing-an-11000-page-autobiographical-thesis-cure-addiction

Kahn, A., *A love supreme: John Coltranes legendäres Album.* Hamburg: Rogner und Bernhard bei Zweitausendeins, 2004.

Kapadia, A., *Diego Maradona* (Doku-Film, 2019)

Kaulen, H. (2015), *Männer mit vielen Nachkommen,* Abgerufen: 29.09.2020 von https://www.faz.net/aktuell/wissen/leben-gene/nicht-nur-dschingis-khan-maenner-mit-vielen-nachkommen-13432760.html

Kemper, P., *John Coltrane: eine Biographie.* Stuttgart: Reclam, 2017.

Knoll, S. (2016), *Sie haben ihn nicht müde bekommen,* Abgerufen: 29.09.2020 von https://www.zeit.de/sport/2016-08/michael-phelps-schwimmen-olympia-rekord/komplettansicht

Konnikova, M., *Täuschend echt und glatt gelogen : Die Kunst des Betrugs.* München: Nagel & Kimche, 2017.

MacLauchlin, C., *Butterfly in the Typewriter: The Tragic Life of John Kennedy Toole and the Remarkable Story of A Confederacy of Dunces.* Boston: Da Capo Press, 2013.

Marcus, E. (2019), *,I have to go off': activist Sylvia Rivera on choosing to riot at Stonewall,* Abgerufen: 29.09.2020 von https://www.theguardian.com/us-news/2019/jun/23/i-have-to-go-off-activist-sylvia-rivera-on-choosing-to-riot-at-stonewall

Milgram, S., *Das Milgram-Experiment: zur Gehorsamsbereitschaft gegenüber Autorität.* Reinbek bei Hamburg: Rowohlt., 2012.

Pol Nevils R./Hardy, D., *Ignatius Rising. The Life of John Kennedy Toole.* Baton Rouge: Louisiana State University Press, 2001.

Robbins, J., *Gesund bleiben bis 100: Wissenschaftlich erforschte Geheimnisse eines langen und glücklichen Lebens.* Roßdorf: Hans-Nietsch-Verlag, 2012.

Scales, A., *In The Name Of Love | The Life and Death of Princess Diana* (Doku-Film, 2017)

Schiavenza, M. (2013), *The Peculiar History of Foot Binding in China,* Abgerufen: 29.09.2020 von https://www.theatlantic. com/china/archive/2013/09/the-peculiar-history-of-foot-binding-in-china/279718/

Schirrmacher, F., *Ego: Das Spiel des Lebens.* München: Blessing, 2013.

Schneider, R. (2001), *„Iss Popcorn!",* Abgerufen: 29.09.2020 von https://folio.nzz.ch/2001/november/iss-popcorn

Smith, S., *Die Schöpferin von Harry Potter: das Leben der J. K. Rowling.* Hamburg: Europa-Verlag., 2002.

SPIEGEL Online (2018), *Wie das SPIEGEL-Sicherungssystem an Grenzen stieß,* Abgerufen: 28.09.2020 von https://www.spiegel. de/kultur/gesellschaft/der-fall-claas-relotius-wie-das-spiegel-sicherungssystem-an-grenzen-stiess-a-1244593.html

Thunberg, G. und S./Ernman, B. und M., *Szenen aus dem Herzen: Unser Leben für das Klima.* Frankfurt am Main: S. FISCHER, 2019.

Velinger, J. (2003), *Victor Lustig – the man who (could have) sold the world,* Abgerufen: 29.09.2020 von https://english.radio. cz/victor-lustig-man-who-could-have-sold-world-8079199

Vogel, C., *Stoische Ethik und platonische Bildung.* Heidelberg: Universitätsverlag Winter, 2013.

Waldrich, H.-P., *Perfect body: Körperkult, Schlankheitswahn und Fitnessrummel.* Köln: PapyRossa-Verlag, 2004.

Walsh, B., *The score takes care of itself: My philosophy of leadership.* New York: Portfolio, 2010.

Wedge, M. (2016), *What We Can Learn From Michael Phelps About ADHD,* Abgerufen: 29.09.2020 von https://www.psychologytoday.com/us/blog/suffer-the-children/201608/what-we-can-learn-michael-phelps-about-adhd

Weinkauf, W., *Die Stoa: kommentierte Werkausgabe.* Augsburg: Pattloch, 1994.

Yoga Wiki, *Buddha,* Abgerufen: 16.09.2020 von https://wiki. yoga-vidya.de/Buddha

ÜBER DEN AUTOR

Geschichten haben den gebürtigen Heidelberger schon immer begleitet und fasziniert. Ob es nun die spannenden Abenteuer von Rafik Schamis Romanfiguren waren, die schaurigen Kriegserzählungen seines Großvaters oder die bunten Geschichten, die er selbst handverlesen einsammelt und niederschreibt: Sie alle haben seine Perspektive nachhaltig verändert und geprägt.

Heute lebt und arbeitet er mit seiner Familie in Stuttgart.

www.salimzitouni.com

Printed in Poland
by Amazon Fulfillment
Poland Sp. z o.o., Wrocław

63489713R00132